001

靠 谱 的 历 史 八 卦

时拾史事 著

台海出版社

图书在版编目（CIP）数据

掌故. 001, 靠谱的历史八卦 / 时拾史事著. -- 北京：台海出版社，2016.2（2024.9重印）
ISBN 978-7-5168-0872-6

Ⅰ.①掌… Ⅱ.①时… Ⅲ.①中国历史－掌故 Ⅳ.①K206.6

中国版本图书馆CIP数据核字(2016)第040216号

本书个别图片因无法联系上著作权人，将其稿酬存放于重庆市版权保护中心，自图书上市后三个月内未收到稿酬者，请与其联系，电话：023-67708231

掌故 001：靠谱的历史八卦

著　者：时拾史事

责任编辑：刘　峰　　　　　　　　策划制作：指文文化
封面设计：王　星　　　　　　　　责任印制：蔡　旭

出版发行：台海出版社
地　　址：北京市东城区景山东街20号　　　　邮政编码：100009
电　　话：010－64041652（发行，邮购）
传　　真：010－84045799（总编室）
网　　址：www.taimeng.org.cn/thcbs/default.htm
E－mail：thcbs@126.com

经　　销：全国各地新华书店
印　　刷：重庆亘鑫印务有限公司
本书如有破损、缺页、装订错误，请与本社联系调换

开　　本：787mm×1092mm　　　　1/16
字　　数：250千字　　　　　　　　印　张：14.5
版　　次：2016年4月第1版　　　　印　次：2024年9月第2次印刷
书　　号：ISBN 978-7-5168-0872-6

定　　价：99.80元

主创有话说

"时拾史事"是一个历史爱好者的自媒体——这里面包含着两个意思：

——文章是历史爱好者写的，因此不是"学院派"，不是为了研究和考证，而是为了讲自己读历史过程中发现的、感受到的有趣、有用、有启发的内容；是为了把自己的知识分享给有同好的朋友。

——是写给历史爱好者看的，因此不是乱写，不是戏说，是真正的史料当中的发现；是写给历史爱好者看的，因此是讲故事，而不是上课。

历史其实一点也不像小时候的教科书，充斥的只是一堆朝代和事件名。历史是真实生活中，别人的亲身经历，只不过和我们没处在同一个时空而已。看这些经历，你会发现别人如何精彩地生活过，曾经体验过怎样惊心动魄、远比小说更好看的人生。

来跟我们一起发掘这些埋藏在岁月之中的闪光矿藏吧。

掌故

目録／CONTENTS

话题·吃货的故事

历史中的吃货

文／天下无臣　插画／刘骁

--------- 1 ---------

赵普雪夜烧烤

　　话说赵普，可是历史上的一位大能人，他是北宋王朝的开国宰相。他所参与制订的国策方针，可是一直影响了宋朝三百年诶。不过，我可没想写赵普的政治才能，那会闷死大家的。赵普这人可不闷，大凡是能人，一般都会有些雅俗共赏的癖好。比如，赵普喜欢读书只读一半，所以他读《论语》一半就不读了。宋太宗赵匡义问他为什么这样，赵普答道："我读了一半就帮太祖平定了天下，所以觉得不必再往下读了。"又比如，赵普喜欢守规矩，一次宋太祖赵匡胤问他一件政事，他说这不是皇帝该问的，赵匡胤很奇怪："为什么？"赵普回答："这事是户部管的，皇上您统管全局就行了，知道得太琐碎不符合您的身份。"赵匡胤立时无语。

有人会质疑了，这些都是雅好，难道赵普就没有一些和我们大俗人一样的爱好么？当然有，而且这爱好俗得不得了，那就是好吃山羊肉。不过，赵普嘴比较刁，他只吃羊腿的肉，其他部分就沾都不沾，那可不是普通老百姓消耗得起的。当时最好的山羊在契丹境内，赵普就专程派人过境买羊，未免麻烦，一次就带上数万铜钱买回来养在家中，那得多大一个家啊！所以说，能人再俗的爱好也不是普通人能想象得到的。

赵普这爱好的消费和他的正常薪酬差距可不小，不好张扬，所以知道的人不多，当然，对皇帝可是不能瞒的，因为赵匡胤常常在

下朝后微服去大臣家中慰问闲聊，非常清楚赵普家的哪些羊什么时候最肥。冬天到了，在一天傍晚时分，东京汴梁下起了大雪，赵普想着："雪下成这样，恐怕皇上就不会出宫闲逛了吧，今晚可得放松一下，好好地犒劳犒劳自己。"谁曾想，家仆急步跑进来："大人，皇上来访啦！""不是吧，皇上您的心也太野了。"赵普连忙把赵匡胤迎进门，正要吩咐关门，赵匡胤摆摆手道："别急，我把晋王（就是赵匡义）老弟也约了过来。""皇上您可太赏脸了，自己来不算，还把晋王也请到我府上，真是蓬荜生辉啊。"赵普一脸的感动。赵匡胤哈哈大笑："爱卿就别给我来这套虚的了，这大雪夜，没点实际的东西，我约老弟来你家干嘛？我好像闻到了点膻骚味哦。"赵普很无奈。

　　一会儿赵匡义也到了，赵普铺设厚垫子在地上请他们坐在堂中，让夫人把早已切好的羊腿肉端出来，三人人手一把铁叉串起羊肉就在旺旺的炉火上炙烤。哇，这不就是如今闻名天下的街边烤羊肉串么？想不到当年竟能找到皇帝做广告诶。不过，当时这三位吃货没理会我的惊叹，因为赵普夫人把酒给敬上来了。赵匡胤正满嘴的羊油，那一脸的爽啊，对着赵普夫人道："来来来，嫂子，你别尽忙啊，也来吃吃。赵普，你太不像话了，把嫂子当佣人使唤啊。"赵普忙回话："皇上，我哪敢啊，只是皇上冒雪来府上谈国事，这可是要保密的，只能委屈贱内了。"赵匡义大笑："边烧烤边谈国事，人生大乐事。"三位顶级人物就这样蘸着酱汁，烤着羊肉，喝着好酒，通宵拟定好征伐北汉的计划。

赵匡胤征伐北汉成功后，认为这烧烤羊肉不但好味道，而且还是好吉兆。于是在每次出征前，都去找赵普，一起吃顿烤羊肉串。上有所好，下必甚焉，民间争相效仿，从此烤羊肉串风靡东京。当然，那时可不是叫烤羊肉串，这名太不起眼了，怎么说这美食也是皇帝亲自做的广告啊。

2

公子宋食指大动

春秋时期，是孔子所说的礼崩乐坏的乱世。俗话道，乱世之中必有怪事，我就跟大家说一个怪事。有多怪呢？别急，且听我慢慢讲来。

在郑国，有一位大臣叫公子宋，这公子宋可是位奇人，他有特异功能！异在哪里？每当他某天将会碰到平时难吃到的美食，他的食指就会在那天早晨莫名其妙地乱动。大家可别不信，公子宋亲口说道："一次我出使晋国，一到晋国都城食指就动了，结果我那天在国宴上吃到了石花鱼，那可是黄河主要支流洮河里特有的较为名贵鱼种啊。又一次我出使楚国，在楚国一觉睡醒后食指动得不肯停下来，猜猜那天楚国国君请我吃什么？天鹅！还有楚国的特产水果合欢橘耶。"他这美食功能实在是太适合吃货了，以不少贵族吃货每逢嘴犯馋就一大早跑到公子宋家去欣赏他的食指。

公元前605年的一天，公子宋按常规去上朝觐见国君郑灵公，路上碰见了好朋友子家，遂相伴同去。公子宋跟子家说："一大早醒来，我的食指就动得厉害，到现在都还没停。看来，今天必定有好东西等着我们品尝。"子家听了很开心："那我今天可跟定你啰，有吃共享，别想独食。"两人一路谈笑就到了朝廷的台阶前，发现阶前绑着一只大鼋，厨师正在一旁磨刀霍霍。子家就向一边的内侍询问缘故。原来是楚国为了祝贺郑灵公新继国君之位，送了一只大鼋（yuán）做贺礼。这鼋可是超级好吃的东西，反正一个人也吃不了太多，郑灵公特地在今天的朝会上做个全鼋宴跟大臣们分享美味。听完内侍的答话，两人不禁相视大笑起来。

郑灵公听到廷外的笑声，感到很奇怪，等到公子宋和子家进了朝廷，就问他们笑什么。子家就把公子宋的特异反应告知郑灵公，其他大臣听了纷纷笑了起来。郑灵公听了，没笑，只有满腹的羡慕妒忌恨："公子宋这家伙不就是一臣子，居然有这等神功。我贵为国君，却样样稀松。老天太不公平了，今天我一定不能让他得逞！"当全鼋宴开席后，郑灵公逐个叫唤大臣到跟前，亲手赐给鼋羹，宴席气氛其乐融融。"公子宋！"郑灵公喊道。公子宋咧着嘴奔到郑灵公跟前，两只手举得高高的，举着举着……"咦，怎么没有重物下压的感觉？"公子宋抬起头来，发现郑灵公正对着他一脸贼笑："你的食指还在动吗？今天这鼋羹可没你的份儿，看你的食指还傻动不？想吃的话，等明天吧，如果还有剩的，就给你尝尝。"全场一片寂静，公子宋的脸由红转白，由白转黑："欺人太甚！你这是

妒忌，赤裸裸的妒忌！"公子宋出离愤怒了，随即做了个让大家吓掉下巴的动作——他伸出手指在郑灵公的鼋羹里撩了一撩，然后放入口中"叭"的一声："我这不是吃了吗，我的食指没动错吧。"说完扭头就走。

郑灵公也呆了，好久才回过神来，这回轮到他玩变脸了。变了几回脸，才喊道："来人呀，把公子宋给我拖出去宰了！"内侍很犹豫，低声回答："国君，公子宋……他早走了。"其他大臣终于也知道干正事了，纷纷劝郑灵公大人别记小人过。"不行！明天上朝我一定要让他知道不懂礼的后果！"郑灵公大呼不已。

子家下朝后急忙去公子宋家，埋怨公子宋的白痴行径。"为顿鼋羹你跟国君置什么气啊，认认怂，服服软不行么。如今可好，国君非要杀了你解恨啊。"公子宋来回踱步，突然手一挥："为了一只鼋，他就要杀我！罢了，还不如我们先把他杀了！"子家脸都白了："我连只鸡也下不了手，你居然想我跟你去杀国君？"公子宋狠狠地盯着子家："老朋友，你可要弄明白了，你不跟我一起动手，你还能有机会继续吃大餐吗？"子家终于开窍了："行，咱俩谁跟谁啊，你这么说不是见外了吗。"

史书记载，公元前605年夏，郑灵公遇刺身亡。公子宋也因此事名留中国文化史，因为他给中国文化贡献了两个流行的成语：食指大动、染指于鼎。

———————— 3 ————————

苏轼吃河豚

苏轼，大号"苏东坡"，别看他闻名天下，但他在北宋政坛可是公认的倒霉蛋，由京官被贬到地方，由富地被贬到穷地，由大陆被贬到海岛，典型的没有最衰、只有更衰。但是这一切，毫不影响民间对他的敬仰和追捧，原因很简单，苏轼不仅琴棋书画样样精通，修桥、修路也在行，简直就是全才能人。不过，苏轼在当时的民间最出名的是"顶级美食家"这一称誉。大凡一道菜被苏轼认可的话，立即身价百倍，人人争食，做菜的厨师更是跻身国家级名厨行列。

江苏常州，是苏轼第一次被免官时定居的地方，苏轼的不幸，成了常州人民的大幸。因为，常州人民可以经常见到这位偶像级人物了。至于富豪之家，更是想方设法地接近苏轼，谁要是没和苏轼对过话，根本不好意思参加富豪每周聚会。有一位富豪，很想请苏轼到家做一回客人，那可是倍儿有脸的事啊，要是成功请到的话，在常州富豪圈绝对会成为首席被仰慕的对象，有效期至少十年。但问题是，那富豪跟苏轼毫不相识，朋友圈中也没有跟苏轼有一点关系的人物，怎么办呢？富豪四处打听，终于让他找到了一条与己有关的线索，那就是苏轼很喜欢吃河豚。这位富豪家中烹制河豚有独到之处，要是能得到苏轼对河豚烹制的肯定，那以后苏轼岂不是可以随请随到，到时真是睡着了都会笑醒啊。

于是，富豪尝试着向苏轼送上了邀请帖，在帖上明说是河豚宴。令富豪兴奋的是，苏轼真的准时赴约。近距离看到偶像的富豪，紧张得手都不知摆哪儿好，就会说请、请、请，苏轼本就一豁达之人，也不介意，一笑而过。富豪心知肚里没货，也不敢与偶像多谈，很快就请偶像上河豚宴。苏轼和主人进了宴厅，发现宴厅摆了不少屏风，屏风背后似乎人影闪烁，心想：这位主人的家风可真古怪，怎么吃饭也会安排人暗地参观客人呢？但又不好开口问。其实苏轼真是误会了，富豪家平时可没这风俗，但谁让苏轼是明星呢？富豪的家人知道苏轼来了，全都出来欣赏偶像。不然，宴厅摆那么多屏风干嘛，在苏轼面前秀风雅，那不是在大象面前秀体型么。

河豚菜摆上了桌，富豪一声请，苏轼就毫不客气地夹了一块入

口，富豪很紧张地看着苏轼的嘴。一口河豚肉吃完了，苏轼没说话，接着又夹了一块，就这样，苏轼一直都在埋头猛吃，一句话也没说过。富豪心想：惨了惨了，苏大学士都没心情说话，这河豚肉他看不上眼啊。富豪脸色渐渐泛红，屏风后的粉丝群也不好受：怎么偶像不说话啊，是不是讨厌跟老爷在一起吃饭呢?

终于，苏轼把整宴的河豚肉给吃光了。只见苏轼很舒服地打了个响嗝，把筷子一放："你这河豚肉啊，我就一句话，就算吃完后立即死掉也值得了！"富豪还没听明白什么意思，屏风后已经一片欢呼声了。

这顿河豚宴让苏轼回味无穷，他后来又被贬到岭南，吃到了美味的荔枝时，给到的评价是："予尝谓，荔枝厚味高格两绝，果中无比，惟江瑶柱（即新鲜干贝）、河豚鱼近之耳。"更赋诗句："似闻江瑶听玉柱，更喜河豚烹腹腴。"哈哈，嘴吃的是荔枝，居然还念念不忘当年的河豚，果然是顶级的美食家，没有之一。

—————— 4 ——————

一年两粒鹧鸪米

明朝，江西广信府有个县城叫弋阳，弋阳有位豪爽大侠汪少伟。汪大侠豪爽到什么程度呢？为人仗义，有求必应，富人收费，穷人义务；好客洒脱，每周一大宴，每日一小宴。在弋阳城内，提起汪大侠，没人不竖起大拇指，赞不绝口。虽不能说名扬江西，但在广信府的信誉度还是不错的。豪爽之人必定处处是朋友，汪少伟的侠名使得不少地方富豪喜欢邀请他来家中宴谈，因此汪少伟对自己的见多识广颇为自诩。

有一年，一名皇宫里的中官（太监里的官）回老家弋阳休假，听闻汪少伟的名声,很感兴趣,派人请汪少伟择日来府,特设宴以待。当时汪少伟正与一群朋友聚会,对于中官的宴请,朋友们纷纷向汪大侠道贺。毕竟,皇宫里的人会吃些什么,大家都没见识过,汪少伟难得有这么个机会,当然是人生一大幸事。汪少伟轻轻挥挥手:"中官是为皇上办事的人,他能看得起本人,我当然很高兴。不过,他这可是在弋阳设宴,你们想想,我在弋阳什么美食没尝试过? 就算是整个江西,我也敢说,没有我汪少伟没见过的。"

赴宴那天,汪少伟依时前往。中官见他器宇轩昂,感觉不错,又与他聊了聊地方人情世故,果然名不虚传,也算得上地方仗义之人,非常欣赏。中官向管家招了招手,跟管家密语几句,管家即转身去了厨房。

中午时分,管家进来请两人入席。汪少伟随中官到了饭厅,饭桌上已经摆好了菜肴。汪少伟看了看菜式,虽显精致,但也没有超出他之前所见。中官待客人坐定,便吩咐管家上饭。饭端上来了,汪少伟眼睛一扫,不是吧,这饭碗里居然只盛了半碗米饭。心想:抠门,就这点饭还请什么客呀,真的打算让我吃菜饱么? 中官注意到了汪少伟的表情变化,轻轻一笑:"汪公子,请起筷。汪少伟也不客气,端碗就吃。"哇! 汪少伟感觉自己根本就不是在吃米饭,那种香味、那种细滑、那种弹性,他以前从来就没有尝到过。汪少伟忍不住了:请问公公, "这米是什么米啊,太美味了,在哪里可以买到呢? "中官摇了摇头:"汪公子,这米是买不到的。" "愿

闻其详。汪少伟很好奇。中官向他解释道："这米可是四川进贡给宫里的特供米，不是地里种出来的，是将稻谷种在鹧鸪鸟的尾巴上，每只鹧鸪的尾羽只产两粒米，每年取米之后就把鹧鸪放走，来年则可又取，极为罕见珍异。"汪少伟咋舌道："那得花多少钱才能凑够一碗米啊！中官笑了："现在，汪公子明白为什么我们只盛半碗饭了吧。"汪少伟连忙起身，拱手道歉："鄙人乡野中人，少见多怪，恳请公公大人不计小人过，千万见谅。"

宴毕，汪少伟离开了中官府邸，立刻有一群人围了上来："怎么样，这宴的菜肴，可比得上我们弋阳最厉害的韶阳楼菜式？"汪少伟忙摆手制止朋友们的喧嚣："各位千万小声些，别在这丢脸了。还最厉害的韶阳楼呢，在公公面前，我们都是群不入流的乡巴佬。"

宋高宗的夜宴

文 \ 宋慧敏

吃在宋朝，大宋人的幸福指数由此飙升到爆表。"忆得少年多乐事，夜深灯火上樊楼。"歌舞升平的东京（今开封）是一座不夜城，饮食业随着城市的发展和繁荣迅速崛起，从皇宫"国宴"，到夜市小吃，都精致、精美、精细到无与伦比。

与民同乐是每个皇帝亲民政策的保留项目，商纣王发明的酒池肉林到了北宋简直是没品位、没素质、土得掉渣了。北宋的"国宴"才够水准，按照记载，北宋"国宴"分为9轮，以9次敬酒为划分。皇帝高高在上，臣子在下众星捧月。皇帝首先举杯："各位臣工辛苦了，一杯薄酒不成敬意，干！"美酒醉人，美味更是令人眼花缭乱。然后是一轮歌舞，衣香鬓影环佩叮当。然后是回敬祝皇帝万岁万万岁。然后是插科打诨的小品表演……这顿宴席从红日高照到玉兔西沉，没有吃过的今天全吃过，没有看过的今天全见识，踏着月色走在回家的路上，每个人都有漫步云端的幸福感觉。

"家访"虽然在领导艺术中不是十分盛行，偶一为之也没有什么不妥，再说可以很直观地看到平时看不到的现象，透过这些现象一些本质性的东西说不定就显山露水了。被皇帝指明"家访"的臣子一方面倍感荣幸，一方面诚惶诚恐。听说张俊富可敌国，宋高宗就想去看看虚实了。那天早朝接到通知之后，张俊的心情十分复杂。

　　张俊打仗不行，却会做生意，高宗也算知人善任，把"政府采购"的肥差给了他。几十年下来，君臣之间鱼水情深，双赢互惠，特别是那次劝进，张俊把"好钢"全用在刀刃上。这次高宗"家访"也算是对他的奖励。张俊说那就请皇帝在舍下吃顿便饭吧。高宗说行。民以食为天，天子也是。张俊首先成立了临时"领导小组"，从卫生检查、安全保卫、原料采购到礼仪迎宾，责任到人，层层落实。

　　高宗来了，看到张府假山湖石、奇花异卉不住点头称赞，说比皇宫里头还好看，张俊连说哪里哪里。一番客套之后，一大家子簇拥着高宗，来到令人眼花缭乱的宴会厅。不看不知道，一看真开眼界，光是正宴之前的干鲜果品、蜜饯小吃，张俊就准备了一百多种，香圆、真桔、石榴、鹅梨、荔枝、圆眼、番葡萄、小橄榄等，很艺术地摆放在精巧的案几上。菜品更是丰富，共 120 款，仅下酒菜就有 15 盏。第一盏：花炊鹌子、荔枝白腰子；第二盏：奶房签、三脆羹；第三盏：羊舌签、萌芽肚胘；第四盏：肫掌签、鹌子羹……此外，还有插食六样、厨劝酒十味、对食十盏二十分等等。这顿饭高宗吃得眉开眼笑。当然好吃了：一条鱼只取鱼鳃两边的肉，余下弃之；一个螃蟹只取两螯，然后将新摘下的橙子去肉蒸食。舌尖味蕾上缠绵不尽的色香让高宗忘了此行的真正目的，推杯换盏，觥筹交错，一心一意体现自己一国之君礼贤下士的工作作风，并且身体力行地推动饮食文化的发展。

说是脍不厌细，喉头是个"分水岭"。那些经过加工的天物，在喉头之上是奇珍美味，喉头之下就成了不分彼此的杂烩。就像60 岁以后的人生，显赫与平庸、热烈与平静都不再有什么实际意义。"饭疏食，饮水，曲肱而枕之……"才是淡泊从容的养生之道。

养不起的厨娘

文／天下无臣

　　北宋时期，赵氏王朝把历代严格执行的重农抑商政策放松了，北宋的都市商业十分兴旺繁荣，都城东京更成为全国的商业中心。有钱人家越来越多，一个新的行业诞生了，那就是厨娘。各位恐怕会觉得我在故弄玄虚，什么厨娘，不就是女厨师吗，有什么新奇的？呵呵，这厨娘可不是大家在大排档就能见到的那种厨师，不是大富大贵之家，是没机会见得到的。

　　有位太守，忙碌了大半辈子，终于退休了。回到老家后，他颐养了一段时间，觉得有点闷，想写写文章吧，没有苏东坡那才情；

想尝尝美食吧，又没有苏东坡那口服。他坐在摇椅上想啊想啊，终于想起当年到京城述职时，曾被老上级请去赴宴，那宴会的菜肴可好吃了，连菜汁都被他拿来捞饭吃。当时他就问这些菜是怎么做出来的，老上级告诉他是自家厨娘做的，从此太守就记住了厨娘这份职业。想到这，老太守的口水止不住地流。事不宜迟，他立即写信给老上级，拜托物色一名厨娘。皇天不负有心人，很快，老上级就回信说已经请到一名厨娘，正派人护送过来。

老太守盼星星盼月亮，终于盼来了这位年方二十多的厨娘。既然到了，当然就得试试手艺如何。老太守说："就请姑娘一展身手，让我的几位客人也试试京城的宴会味道。当然了，仓促之间，大宴席就不需要做了，先给我们准备五盘五碗的小席吧。"老太守写了个菜单子给厨娘，厨娘很快就把应买的原料给列出来了。老太守一看，深吸了一口气。原来，单是一道羊头羹，就要买羊头十个、葱五斤！就一桌便饭，你以为我请的都是猪八戒吗？老太守心里嘀咕，但毕竟头一次见面，也不好说什么，而且他也很好奇为什么几个菜就能用到那么多的原料。于是，老太守让管家照账单给银两去采购。

在管家采购原料的时候，厨娘把带来的厨房用具一一摆出，锅铲、剁肉刀、剃毛刀等等一应俱有，全是白银所制，连砧板都是自带的，老太守一家都看得眼花了。当原料办齐后，厨娘换好衣服，指挥丫鬟们把原料洗净料理完毕。厨娘开始出手了，把羊头在开水中焯过后捞起，剔出羊脸上薄薄的两块肉，剩下的就往垃圾筐里一扔。仆人们看在眼里，那个心疼啊，扔一个羊头心就疼一次；老太守也好不到哪去，嘴角不停地抽动着。管家终于忍不住了，问道："姑娘为什么把那么多的羊头肉给扔了呢？"厨娘轻轻一笑："那些哪里是贵人吃的啊，我怎么能丢老爷的身份呢？"管家还不死心："那应该是谁吃的呢？"厨娘很干脆地说："狗吃的啰。"管家闭嘴了。厨娘把羊头"糟蹋"完后，开始切葱。厨娘把葱在开水中烫一下，把外部的叶子都剥去，剩下葱白，再剥去葱白，直到剩下像韭黄般的嫩心，然后把嫩心放入加了盐的淡酒里浸泡一会儿，拿出沥干。老太守觉得自己不能再看下去了。

终于，菜上桌了。老太守那几位客人简直就没停过嘴，要不是碍于脸面，他们还想让厨娘多做几样菜打包回去。老太守很开心，感觉这钱花得很值，实在是太有面子了。第二天一早，老太守就对着厨娘一顿夸，厨娘一边听一边拜谢。老太守夸完了，厨娘停止了鞠躬，但没有告退的意思。老太守奇怪了，问厨娘有什么事。厨娘回答：既然昨日试厨有幸能让贵宾中意，就请老爷照例犒赏。老太守愣了，做份小桌菜还要犒赏，什么情况？厨娘似乎明白老太守的疑惑，取出一叠单子递给他："老爷，这是我以前在京中一位高官府里干活时，收到的犒赏记录。"老太守一看，单子里写到：摆一次大宴席，犒赏一万钱，二十匹绢；平常便饭，犒赏减一半。老太守感觉要窒息了，请个厨娘比请群土匪还贵啊。

老太守咬着牙把犒赏给了厨娘，但十天后，他找了个借口，让人把厨娘送回了京城。

馒头真是诸葛亮发明的么？

文／猫不闻饺子

关于馒头的由来有一个家喻户晓的传说。据说在三国时期，刘备"白帝城托孤"，诸葛亮辅佐少主刘禅可谓鞠躬尽瘁、劳心劳累。蜀国南边占据云南、贵州一带的南蛮洞主孟获是个不让人省心的家伙，时常骚扰侵袭蜀国边境，诸葛亮决定教训一下这孙子。古人迷信，泸水一带瘴气很重，就有人向诸葛亮提议用南蛮俘虏的人头来祭祀泸水河神。诸葛亮是一个人道主义者，自然不能答应，但为了鼓舞士气他强开脑洞，想出了一个绝妙的好主意：用面粉做成人头的形状来替代"蛮"头，以此忽悠河神。据《诚斋杂记》记载，"孔明征孟获。人曰：蛮地多邪，用人首祭神，则出兵利。孔明杂以羊豕之内，以面包之，以像人头。此为馒头之始。"

而在《三国演义》第九十一回则说："诸葛亮平蛮回至泸水，风浪横起兵不能渡，回报亮。亮问，孟获曰：'泸水源猖神为祸，国人用七七四十九颗人头并黑牛白羊祭之，自然浪平静境内丰熟。'亮曰：'我今班师，安可妄杀？吾自有见。'遂命行厨宰牛马和面为剂，塑成假人头，眉目皆具，内以牛羊肉代之，为言'馒头'奠泸水，岸上孔明祭之。祭罢，云收雾卷，波浪平息，军获渡。"因此民间一般认为馒头是诸葛亮发明的，要我说老爷子还真挺不容易的，军国大事自不必说，有闲工夫的时候还搞搞小发明什么的，真是操碎了心！但这个说法并不见于正史记载，仅仅是在一些古人的笔记当中有类似的描述。

事实上关于吃馒头的最早记载可追溯到战国时期，《事物绀珠》记载"秦昭王作蒸饼"，可能有读者要问了，《事物绀珠》中描述的是"蒸饼"并非馒头啊？大家有所不知，根据《名义考》中的说法："以面蒸而食者曰'蒸饼'又曰'笼饼'，即今之馒头"。宋代的时候，为了避宋仁宗赵祯的名讳，便将"蒸饼"改称"炊饼"。所以古典小说《水浒传》中武大郎卖的"炊饼"就是"蒸饼"，其实也就是馒头。

另外古人所说的"饼"跟我们现在所吃的饼不是一个概念，古人所说的"饼"更加笼统，凡是用麦制成的面食都可统称为"饼"，比如古人所说的"汤饼"就类似于我们现在的面条什么的。【《名义考》中记载："以火烷，称'炉饼'，即今之烧饼；以水沦，称'汤饼'（或煮饼），即今之切面、面条。"】

但战国时期石磨还没有被发明出来，所以当时的人们主要还是把麦子拿来煮粥或者蒸成麦饭。那个年代只能用杵臼来将麦子杵成面，但这样的制作工具生产出来的面粉数量十分有限，所以在那个时候面食还并不十分普及。到了西汉初年的时候，智慧的劳动人民终于发明出了石磨，由于石磨的广泛应用，蒸制的面食才随之逐渐成为人们普遍的食物。

而"曼头"（特此声明这不是错别字，"曼"通"馒"。）一词最早出现于西晋大文学家束皙的一篇《饼赋》，其中有一句写到："三春之初，阴阳交际，寒气既消，温不至热，于时享宴，则曼头宜设。"

无论馒头的发明专利属于谁，有一点是可以确定的，馒头在很长的一段时间里都担负着祭祀用品的作用。《祭法》中就说："春祠用曼头"。明朝人李诩在《戒庵老人漫笔》中也有记载说："祭功臣庙，用馒头一藏，五千四十八枚也。江宁、上元二县供面二十担，祭毕送工部匠人作饭。"

在唐朝的时候馒头还被称之为"玉柱"或"灌浆"，听起来还蛮文艺的呢。（《汇苑详注》记载："玉柱、灌浆，皆馒头之别称也。"）

而"包子"其实指的是带馅的馒头，《燕翼诒谋录》中记载："宋仁宗诞日，赐群臣包子。"还在"包子"后注明："即馒头别名。"

关于馒头还有一个与朱元璋有关的民间传说，相传朱元璋翻身闹革命成功之后大摆庆功宴，点名要吃一道菜，名曰"白银如意"，御厨们一看懵圈了，因为他们根本不知道怎么做（建议他们去新东方学校再学两年）。原来这道菜是朱元璋当年在其原配马氏家当杂工的时候，马氏家的家厨拿手的一道私家菜，于是马皇后把这道"白银如意"的制作方法传授给了御厨。用发酵的面粉和碱水揉匀，待面团去掉酸味后，再掺上白糖用急火蒸熟。因其形状犹如开瓣的花朵，所以后来民间老百姓就把这道菜称之为"开花馒头"。

文／宋燕

有钱人家的伙食

古人说饱暖思淫欲，不过那得看什么样的饱暖。同样是有钱，贵族和土豪的区别就在于对质量的不懈追求，哪怕是吃顿包子，也得有不一样的讲究，那才是大户人家。

大户人家讲究起来什么样？咱们就从吃上说吧。

唐朝的宰相元载是个讲究吃的人，他的讲究体现在什么地方呢？他吃一顿饭，光餐具就要用三千套，而且都是珍贵物品。李德裕也是讲究吃的人，他喜欢吃羊羹，每餐吃的那杯羹，是用珠玉、雄黄、朱砂碾碎与羊肉一起煎煮的，一盅价值3万钱。他泡茶用的水，要专门用快递从江南运来的（当时他住在长安），因为他觉得长安的水不好。世家子弟韦陟（zhì），对食物有洁癖，他家做米饭要用鸟羽捡米，菜肉也都要用最好的部分，他每吃完一顿饭，厨房里扔掉的菜肴食物就不止万钱。唐笔记中还记载过一户大户人家的子弟到别人家赴宴，人家精心准备的饭菜他们一口也没动，说是烤肉的碳事先没有处理过，烤出来味道不对。

伺候这样的主儿，后厨怎么也得几十人吧？

几十人那刚够择菜的，四百人起。宋代大户人家随唐制，发展出一套后厨管理体系，号称"四司六局"，四司指帐设司、厨司、

茶酒司、台盘司，六局指果子局、蜜煎局、菜蔬局、油烛局、香药局、排办局。专门负责日常的伙食和办理酒宴。这套系统是从唐代皇宫里学出来的，到宋代后来也逐渐商业化，老百姓只要掏得起钱，也能让市场化的四司六局给你办次酒席。

四司六局需要多少人？既然是从皇宫里学出来的，那拿皇宫御厨做做比较应该差不多。周代时御厨定员二千二百九十四人，唐代连官带马仔近三千人，明朝最多时达八千人之数，清朝算历朝历代最少的，也有四百多人。这些人分工明确，有专管盐的，有专管酱的，周代规制中，光负责用布把菜盖起来的，就有三十一人。

别以为皇宫是最奢侈的，历朝历代的世家子弟里，都有不少根本看不上皇宫的。西晋的何曾每次去皇宫赴宴，都要带着自家厨子烹制的馔品，根本看不上太官准备的膳食，连晋武帝都拿他没办法。上面说的韦陟，去公主家、王公家做客，几乎不动筷子——嫌人家做得太糙，没的可吃。

支撑这种讲究需要的财力，绝不是一般土豪能应付得起的。史上有过不少暴发户觉得自己有钱了，想学贵族们讲究讲究，效果往往都很难看。宋朝有个太守告老还乡，攒了不少钱，想起在京城某大户人家吃过的晚膳，对当时的味道气氛都印象深刻，也想摆一摆阔气，就托人在京师雇了个大户人家的厨娘。厨娘来了先不进家门，在距他家五里地的地方住下，写信让他发四抬暖轿接自己进府。进府之后，自带白金餐具、刀砧杂品，挥刀切肉，运斤如风。菜是做得好吃，场面也够排场，但每次做完菜，都要求按规矩赏赐，或绢帛百匹，或铜钱百千。不久后，太守就承担不起，只好"善遣以还"。小富和大富，还是有质的区别啊。

斋戒就是不吃肉吗？

文／天下无臣

　　古代人在祭祀前要进行"斋戒"，《礼记·曲礼》就说："齐戒以告鬼神。"（"齐"通"斋"）什么是"斋戒"呢？现代人以为"斋戒"就是不食肉类食物，其实这个理解是错误的。

　　《礼记·祭义》提到："致齐于内，散齐于外；齐之日，思其居处，思其笑语，思其志意，思其所乐，思其所嗜"，是说斋戒者在祭祀前，要从内心到表现都虔诚肃敬，在室中思念被祭者的音容笑貌。如此一来，《礼记·郊特牲》认为"必见其所祭者"。（《易经·系辞》注："洗心曰齐，防患曰戒"。）

　　那如何体现出祭祀者的斋呢？对于《礼记·祭义》的"致齐于内，散齐于外"，东汉经学家郑玄注释为"散齐，七日不御不乐不吊耳。"也就是七天之内不近女色，不听音乐，不去吊丧探病。明朝人朱升等奉敕所撰《斋戒文》时，对斋戒的行为规则作出了规范："戒者禁止其外，斋者整齐其内。沐浴更衣，出居外舍（即到专门的斋戒住宿场所居住），不饮酒，不茹荤，不问疾，不吊丧，不听音乐，不理刑名，此则戒也。严畏谨慎，苟有所思，即思所祭之神，如在其上，如在其左右，精白一诚，无须臾间，此则斋也。"

或许有细心人看到了其中有"不茹荤"三字，会疑惑我为什么在开头说现代人认为古代"斋"等同于不食肉是错误的。其实，"荤"在现代意义主要指肉类，通常与代表鱼类海鲜的"腥"字连在一起用，古代却不是这样的意思。古代祭祀斋戒中的不吃荤，并非吃素食、忌肉食的意思，而是指不吃葱蒜韭姜等有刺激气味的菜。不吃它们，不是因为这些菜本身有什么不好，而是防止祭祀者在祭祀或会客时口里发出难闻的气味，造成对神灵、祖先或宾客的不尊敬。

现代人之所以会错误理解古代"斋戒"的含义，主要是因为我国佛教徒多将素食习称为"吃斋"、"持斋"。其实释迦牟尼佛在印度传法的时候，并没有规定不准吃肉，只是规定不准喝酒和吃葱、蒜、姜之类的食物。因此，在佛教传入中国之初，中国佛教徒并没有不吃肉的戒律，可以自由选择吃素或吃肉。如今的南传佛教（指盛行于斯里兰卡、缅甸、泰国、柬埔寨、老挝及我国云南省傣族地区等的佛教）出家人可以肉食，藏传佛教也一向不忌肉食，日本佛教界现在也已开放肉食。

那为什么如今素食成为中国汉族佛教徒基本的要求呢？这与南朝的梁武帝萧衍可是大有关系。公元520年五月，萧衍写出《断酒肉文》，他根据《大般涅槃经》要求佛教僧侣全面禁止肉食，当时就有部分僧尼对此持有疑义，称"律中无断肉及忏悔食肉之法"（《大正藏经》第五十二卷）。但萧衍认为"若食肉者，即有杀分，于不杀戒即成有缺"，而不杀戒为佛教根本重戒，持守此戒即必须断除肉食，这是佛陀所制出家戒律中本有之义。其实，关键不在于萧衍的论据有多么充分，而在于萧衍是皇帝！皇帝说要和尚不吃肉，和尚就必须不吃肉，否则，恐怕连饭也吃不到了。《断酒肉文》的颁布使得"斋戒"（素食）成为此后中国汉族佛教徒必须遵守的一种戒律。

谈到此处，我们应该大致明白，无论是儒家经典还是佛教经典，对"斋戒"的一致认识就是静心、敬畏地行事，与是否吃肉没有多大关系。

时空旅行·城市历史地图

文／叶文龙

亲历者回忆

延安时代的私人生活

　　1937 年 1 月 13 日，中共中央由保安迁到延安，当时延安全城只有 2000 余人，"饭铺只有四五家，使用着木头挖成的碟子，弯的树枝做成的筷子；商店没有招牌，买错了东西很难找到原家去换，因为它们有着同样肮脏同样破旧的面貌。"全城肮脏拥挤，厕所尤其原始。丁玲纪实小说《医院中》记述了这样的细节："老鼠就在天花板上面窜来窜去啃浆糊吃。一次，隔壁房里竟有一只老鼠从上面掉下来，砸在正在睡觉的傅莱大夫的脸上。"

　　于光远到达延安首夜大战跳蚤，落荒逃出房间，抱被睡在场院几根原木上。原《人民日报》社长胡绩伟也记述了终生难忘的大战臭虫："

1. 延安的街景（1942年，哈里森·福尔曼摄）
2. 延安中国女子大学生合影，左起沈玉玲、曲岩、赵军、杜国芳、侯波（1942年，徐肖冰摄）

我一个人睡在一个旧窑洞里，臭虫多得可怕，一排排一串串地从各种缝隙中爬出来，结队进攻，真是闻所未闻、见所未见，令人毛骨悚然的怪事。开初我用手指抹杀，以后用手掌抹杀，弄得满手臭黄水，还是杀不完。好在我随身带了针线，赶快把自己带来的床单缝成一个口袋，把身体装在里面，尽管这样，还是辗转反侧，到天快亮时才迷糊了一小会儿。起床一看，床单上血迹斑斑。"

　　在延安，人人都穿制服，冬天发一套棉衣裤棉鞋帽，夏天只发一套单衣。衬衣衬裤一开始是不发的（后来每年发衬衣一件、短裤一条），闹出不少笑话。田家英夏天下延河洗澡，来了一群女性洗衣，他在河里起不来，因为唯一那条裤衩刚刚洗过晒在河滩上。

延安中国女子大学只发两季衣裳：夏天一身单军装，冬天一身棉军服，当中没有换季的衣服，手巧的学员把棉花取出变成了夹衣。谁如果带来多余的衣服，会无私地送给缺衣的同学。一旦得知某位学员要奉命到大后方工作，来自大城市的女学员会立刻捧出来时穿的旗袍、大衣，供她挑选。

陕北公学、抗大的学员七八人挤睡窑洞土坑，只铺一层茅草，挤得连翻身都困难。女子大学学生的卧位只有一尺半宽，起夜回来常常发现没了位置，要拱进去慢慢挤几下才能"收复失地"。男性炕位也不过二尺半。蜷身睡习者很快得到纠正——直腿挺睡。

女生早晨照镜子也是麻烦事，得排队，轮到者左顾右盼不愿离去，镜子女主人终于摔镜四分："咱们还是'共产'吧！"一镜成多镜，增扩利用率。同时，每人腰间永远挂着一个用罐头盒做的大茶缸，女生用它吃饭喝水、刷牙洗脸，甚至冲脚、洗屁股。

延安文化人一般得到稿费，多是主动与人共享，或是被朋友们"共产"，独自享用的情况极少。这几乎成了一种约定俗成的"规矩"。延安作家卞之琳回忆："谁要是从邮局接到重庆、香港以至上海孤岛汇来的一笔稿费，就招呼朋友，三三五五，一分而光。"1938 年 8 月 31 日，卞之琳到达延安，每月领取 2 元津贴。最多到街头小吃摊买 5 分钱一碗的醪糟鸡蛋打牙祭，几分钱买一包花生也会数人共享。

　　"馋"是延安人生活的主旋律。一位 1938 年初访问延安的美军上校写道："伙食是每日两餐，只有单调的小米。…… 身上有钱时，他们就到镇上一家饭馆，把钱花在八宝饭上，因为他们太缺少甜食了。"冼星海原来喜爱甜食，创作《黄河大合唱》时，他要求光未然为"作曲"买两斤白糖。等一切齐备，冼星海盘腿炕前，开始创作。他一边抓撮白糖入嘴，一边从超长烟杆中吐出腾腾烟雾，妻子钱韵玲在旁为他熬煮"土咖啡"。就这样，在延安的一间窑洞里，诞生了这首时代乐章。

　　中国女子大学学生王紫菲晚年回忆：到延安后最深的感受就是馋，又身无分文，走在延安街上，见了摊上雪花银似的白面馒头，真眼晕，真想偷几个吃。一次，三位中国女大生逛市场，兜里总共只有 2 分钱，只能买一瓶老陈醋，在瓶上刻划下三等份，先是很珍贵地用舌尖舔，觉得味道好极了，酸酸甜甜香香的，就再也忍不住，小狼一般咕嘟嘟

＞鲁艺学员在写生（1942 年）

一口气喝下自己那一份。原来就空腹无油水，其中一位回窑洞不久就肚子剧痛，满床打滚，呕吐不止，从此该女生不再沾醋。

华君武刚到延安时，参加晚会回来，肚饿无食，将白天糊窑洞窗纸的半碗面粉调的糨糊当了消夜，华君武晚年回忆："时隔43年，似乎还回忆起那碗浆糊的美味，当然，这并不是说经常有浆糊可做宵夜的"。

抗大学生何方回忆说，延安时期，二两大的馒头，有的北方男生一顿起码能吃十三四个，女生也有能吃十一二个的。一次改善生活吃包子，一位食量大的抗大生卢振中（后任武汉华中工学院副院长），二两一个的包子连吃24个才问："什么馅？"

在延安，很多新婚男女因条件限制，结婚后依旧分住在集体宿舍，只有周末才能申请到窑洞建成的"青年宿舍"团聚。当年延安公职人员的住宿虽一律免费，夫妻周末在"青年宿舍"团聚却要缴费。抗大政治部主任莫文骅回忆："屋里只有一张床，被褥得自己带，也不开饭，住一次交5毛钱。每到周六，小两口背着被褥来住一晚上，第二天又背上行装回到各自的战斗岗位"。然而，即使这种露水夫妻，也让延安很多光棍们羡慕不已。

中共中央为补偿大多数高级将领由于军务倥偬而耽误的青春，鼓励和帮助他们解决婚姻问题。当时延安的高级领导人，师级以上军官中80%的人都是在这一时期恋爱、结婚、成家、生子。然而，对很多知识女性来说，老干部只习惯于吃饭、睡觉、打仗，谈恋爱却很无趣。

当年延安曾流行这样一个段子：有个女知识青年与老干部谈恋爱，晚上散步，女青年说："今晚的月亮真好看。"老干部说："好看什么？铜洗脸盆子！"

1936年，与美国记者埃德加·斯诺结伴来到陕北的马海德，在陕甘宁边区医院做了中共中央保健医生，他开始追求延安美女、鲁艺学

1.马海德与苏菲在他们的延安窑洞前与苏联医生阿洛夫合影
2.一九四五年，马海德和夫人周苏菲、儿子周幼马

员苏菲。马海德与苏菲的跨国恋情，引来鲁艺男学员们的集体抗议。鲁艺不少男生眼睁睁地看着外国大鼻子摘走了自己的校花，作为"报复"，此后好几个周末的傍晚，他们躲藏在鲁艺校门口的坡地里，等马海德来接苏菲的时候，大喝一声："谁接走苏菲，留下买路钱！"就冲上来，拦住马，翻出他口袋里的香烟和零钱。

1940年3月3日，马海德与苏菲在延安结婚。

据艾青、卞之琳记述，1938年延安革命队伍里的津贴标准为：士兵（班长）1元、排长2元、连长3元、营长4元、团长以上一律5元，只有著名文化人、大学者是5到10元。王实味、陈伯达每月津贴4.5元。冼星海15元（含女大兼课3元），鲁艺音乐系教员一律12元，助教6元。发的是延安"边币"，1元边币可买两条肥皂或一条半牙膏或两斤肉包子或十几个鸡蛋。""最困难时期，连这点钱也停发了。"冒舒湮记载："法院工作人员与囚犯吃的饭菜都是一锅煮的！"

∧ 冼星海指挥《黄河大合唱》(1939)

∧ 拿手雷当玩具的儿童团成员

　　延安纸笔十分紧张，每人每月仅供应五张，作家特别优待，领取纸笔不加限制。1940年1月，入党四个月的范文澜抵达延安，应张闻天之邀主持马列学院中国历史研究室，主编《中国通史简编》。范妻乃旧式家庭妇女（文盲），初到延安感觉处处不便，又惦着家里东西，常常暗自落泪。张闻天夫妇常去看望，派服务员照料他们的日常生活，每人每月发津贴4.5元。范文澜感觉最困难的还是缺书，张闻天便布置地下党将范文澜的书从家里运到延安，共五六十箱，绝大部分为线装书。范文澜十分感动。

　　1941年，右眼失明的刘伯承，有段时间连左眼也看不到东西了。军医让他多喝点白糖水，败败火。刘伯承问："白糖多少钱一两？军医回答："5元一两。"刘伯承："这么贵！白糖水不是我们喝的，不能买。多喝些白开水就行了。"

　　延安物价低廉，猪肉每斤2角，1角钱可买十来个鸡蛋。陈明远

△ 1943年，延安女大的排球队在比赛。发球的是胡明（后来是薄一波的夫人）　　△ 美国记者哈里森·福尔曼镜头下的边区根据地

延安街景（1944 年）

先生折算说，延安 1 元相当于 19 世纪 90 年代末的 30 ~ 35 元。若按相对标准，至少合 2008 年人民币百元以上。当时延安整肃贪污的红线：1938 年贪污 200 元或受贿 100 元者处死。货币贬值后，贪污 500 元以上的枪毙。

延安文化人流行"客请"，即延安人太穷，得由外来客人掏钱做东。1938 年 5 月上旬，美国驻华参赞卡尔逊上校在延安遇上老外医生马海德，邀他去一家八宝饭出名的馆子吃晚饭。一路上，许多人向马海德打招呼，马海德便邀他们一起去吃饭，"他如此大方地利用了我的好客使我发笑，他知道我手头不紧。我们走到饭馆时，后面跟随了十几个年轻的男女，他们笑着闹着，完全沉浸在聚餐的快乐中。"十几个人每人点了自己要的菜，吃完就走。

1936 年秋，刘英患流行性感冒，高烧不止，但延安没有药，只能寄希望于"千万不要并发肺炎"。她进了隔离窑洞，半昏睡半清醒，每天只喝一点小米粥汤，完全靠自己去扛病。丈夫张闻天干着急，每

天早晚两次隔着窗户纸上窟窿问候一下，说几句安慰的话。张闻天发了津贴，全交警卫员买鸡蛋做汤给她吃。刘英问警卫员："闻天的5元津贴都给了我，他吃什么？"警卫员眼泪汪汪："就吃'红锅炒白菜'。"挺了二十多天，刘英慢慢恢复过来。时任陕北省委组织部长郭滴人，像刘英一样发高烧，没挺过来，匆匆辞世，年仅29岁。

郭小川在《延安生活杂忆》中回忆："我是40年底到延安的。这时候，延安最特殊的地方，便是延河两岸的男女了，因为女大在党校对面，每天晚饭后和假日，在延河边散步的颇不乏人。女同志的装束，是蓝斜纹布的带耳朵的帽子，即使是好天气，也把耳朵放下。最讲究的要算围巾，花花绿绿，不过是追逐都市风而已。""男同志的最标本的服装是白茬短皮袄，颈围布的或毛围巾。那年发的鞋子很好，是高统的黑色布棉鞋。""老实说，这期间便蔓延着自由主义的风气了。作为人们的谈料的，不是别的，而是文学与恋爱。文学与恋爱，二者这般密切，流行在人们口头的语汇，是'灵魂的美'，是'文学气质'。"

赴延安的青年多为中小知青，大家一窝蜂去搞文学，延安一时出了 200 多个诗人。只要在报纸上发表几首诗，便是诗人了。1940 年，延安大诗人萧三说："在延安的青年写的诗最多（文学刊物，例如《大众文艺》上，75 ~ 83% 是诗歌）。"文艺青年聚在一起，不是谈论谁谁的文章真好，就是评说那人的文章如何如何要不得。

延安中央党校的女学员们曾约定：不嫁老干部。但是，在现实面前，很多知识女性却在知识分子和老干部之间，面临两难抉择。丁玲在延安《解放日报》发表的"三八节有感"一文中，这样描述延安女性的尴尬：女同志的结婚永远使人注意，而不会使人满意的。…… 她们被画家们讽刺："一个科长也嫁了么？"诗人们也说："延安只有骑马的首长，……艺术家在延安是找不到漂亮的情人的。"然而她们也在某种场合聆听着这样的训词："他妈的，瞧不起我们老干部，说是土包子，要不是我们土包子，你想来延安吃小米！"

一位四十多岁的江西老红军娶了一位城市女生。老红军是八路军120 师某旅政治部民运部部长，上前线后，收到女学生情书，最后一句："我给你一个亲爱的吻。"部长持信找到捎信人："她给我捎了东西，

<70 年前延安的文艺表演

东西在哪里？"捎信人一脸茫然："她没有捎东西啊？"部长指着信："这不是给我一个亲爱的物？这个物在哪里？"这则笑翻故事很快成为"老红军"与"女学生"结合的经典段子。

　　一位历经千辛万苦投奔延安的浙大女生，经"组织介绍"嫁给一位出身佃农的老干部。最初，革命热情很高的女生服从组织决定，照例周六回到老干部窑洞，往往一宿无话。日子一久，女生渐渐厌烦。一次，她邀丈夫月下散步，老干部说："月亮有什么好，圆圆的活像一个烧饼。白天干了那么多的工作，晚上在外面乱走有什么意思？"浙大女生哭肿双眼，悄然离家，留下一首诗："嫁得郎君不解情，竟将明月比烧饼；从今不盼礼拜六，春宵枉自值千金。"从此不归，组织上也无法说服女生。官司打到毛泽东处，毛写诗回应女生，替老干部辩护："春花秋月枉多情，天上人间两画饼；寒来花月不能衣，饥时一饼胜千金。"

　　延安时期，局势相对稳定，组织上也鼓励干部、官兵积极解决"个人问题"。干部们当然想找有点气质的姑娘，而要"有气质"，自然得上点学、读点书。米脂乃陕北首富县，该县地富女儿绝大多数上学，"该地成为红军干部选妻的重点。军内称米脂县为'丈人县'。"

　　1938 年，山西汾阳东南一带，八路军 685 团团长杨得志掏出 1 块钱请带路老乡帮忙买点鸡蛋，竟买来 20 斤。一位当地老乡替尚未婚娶的杨团长找来一位姑娘，长得俊，还是高小毕业，两头都愿意，但女方父亲要杨团长出 100 块钱彩礼，杨最多只能给几百斤粮食，人家不干。杨得志后升任 344 旅代旅长，过汾河前，杨得志还想带走这位姑娘，"可最后还是没有带成，主要还是因为拿不出那 100 块钱来。"

　　女性资源紧缺，男性之间的争斗自然就会加剧。萧军与萧红分手后，与丁玲谈过恋爱，后与青年女演员王德芬订婚，辗转赴延安。但延安后，大概王德芬又与萧三粘粘扯扯。一次边区文协开会，萧军、萧三、艾思奇、吴伯箫等十来人出席，萧军从靴中抽出匕首，往桌上一插："萧三，我要宰了你！"弄得大家都很害怕，面面相觑。还是老实人艾思奇慢慢说了一句："萧军，你有什么意见，可以说啊，不能那么野蛮。"萧军才把匕首收起来。

　　1938 年，16 岁的何鸣刚入抗大，便成为很多人的追求对象。抗大队长兼教员聂凤智最终胜出，因为他不久兼任卫生所所长，与女护士何鸣有更多的"正当接触"。聂凤智的表白语："我是党员，你也是党员，双方都是共产党员，也都没有传染病，双方自愿在一起，谁

∧ 延安老乡

都不强迫谁。"聂凤智 15 岁参军，闻战则喜，身上有 11 个枪眼，负伤 8 次。何鸣："他打仗勇敢，这一条就招人喜欢。" 1940 年元旦，26 岁的聂凤智与 18 岁的何鸣在晋察冀结婚，抗大教育长罗瑞卿主持婚礼，吃了大白菜豆腐，"搞得还蛮热闹"。

何方回忆："整风一开始，马克思主义就不香了。整风期间不只是不学马克思主义理论，过去学过的，特别是搞理论工作的还纷纷检讨，似乎没学过理论的人倒还干净些，起码不用检讨……甚至有些老干部，如时任中办副主任的王首道，为了表示和教条主义决绝，竟将一些马列著作扔到了窑洞门外……原来人们感到很缺的马列著作，有些人又感到无用而多余，于是就拿到南门外新市场当废纸论斤卖了"。

师哲揭发康生夫妇说："他们工作和生活的一切方面都由秘书来承担，包括给他们洗脚、洗澡在内。他除了伙食标准同中央负责同志看齐外，还有自己的特殊要求。诸如：袜子非狗头牌的不穿；地毯是

从中亚带回来的；衣服（特别是大衣和外衣）要穿莫斯科生产的；办公桌上少不了各种干果——花生米、核桃仁、扁桃仁、柿饼等。尽管如此，他仍不断向他所领导的社会部诉苦，以求得格外'照顾'。延安是革命圣地，是艰苦奋斗的同义语，竟存在着康生这样的角落，能相信吗？但这是千真万确的事实！他有时享受咖啡，有时饮酒，虽不常饮，但酒量很可观……他由于不得志而以酒浇愁，他把米大夫请到他的住处，搬出珍藏多年的法国、英国名酒，折腾了整整一个下午，二人醉成烂泥。"

人物·袁世凯

袁世凯巧用"P图"击倒齐名政敌

文／高成　插画／刘骁

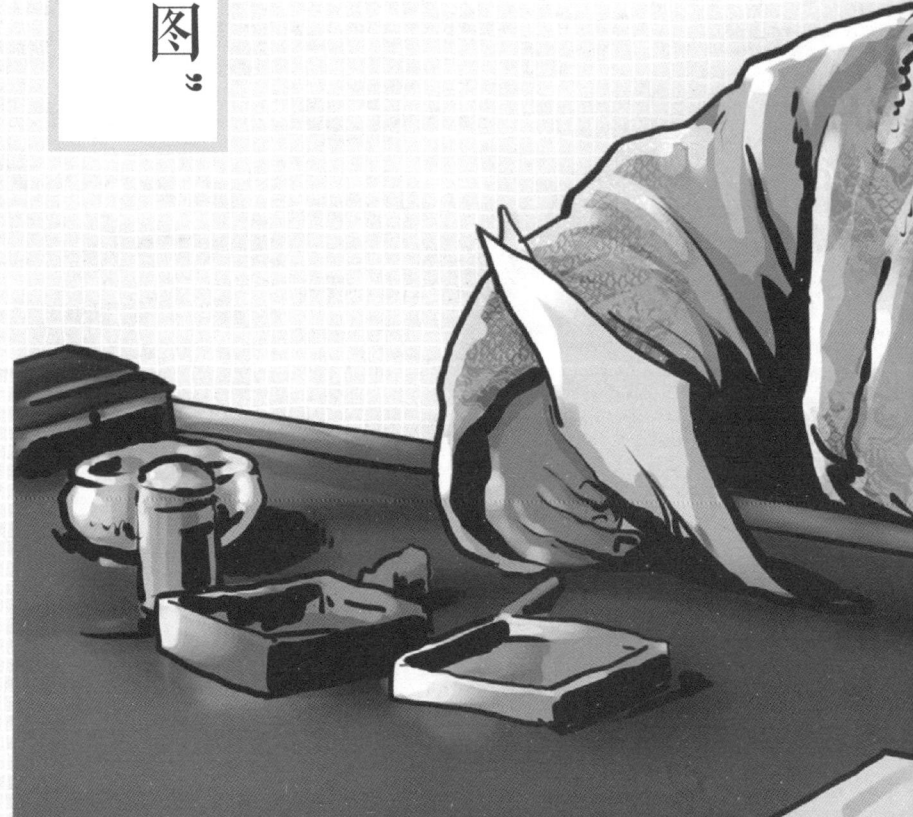

光绪末年，大清国的统治有如雨中浮萍，飘忽不定，岌岌可危，作为这个没落帝国的实际一把手，慈禧太后的日子也很不好过。这不，年过七旬的她又怒了，没想到这回惹恼她老人家的竟是一张照片……

"春煊亦通党负我，天下事真弗可逆料！"老太后气不打一处来，又是发火又是感慨的。在她的面前，摆着一张康有为和岑春煊在一起的照片，若照片也有思想，肯定会说："怪我咯！"众所周知，康有为是慈禧的眼中钉、肉中刺，戊戌年的事虽然过去了快十年，可慈禧对康、梁的恨从来有没有一丝的减弱。清廷的任何官员，不管是谁，只要和康有为有来往，都是和她作对，就算这个人曾有恩于自己。最后，处分如期传达下来：岑春煊被宣布罢免。与此同时，就在不远处，一个人正笑得合不拢嘴……不用猜了，他，便是世人熟知的袁世凯。

这事跟袁世凯有啥关系？原来呀，这张照片其实是袁世凯找人"P"出来的，此时的朝廷，两派斗争异常激烈，是哪两派？一方以奕劻、袁世凯为首，另一方则以军机大臣瞿鸿机以及两广总督岑春煊为首。双方尔虞我诈，互不相让，为了整倒瞿、岑二人，老谋深算的袁世凯灵机一动，巧妙抓住了慈禧厌恶维新人士这一要害，通过杨士琦找到了在上海任职的蔡乃煌，蔡乃煌又找到了康有为与岑春煊的照片，利用"高科技"巧妙合成在了一起，作为"铁证"，上交慈禧，天衣无缝。一把年纪的老太后哪懂这里面的伎俩，果然上当受骗，估计直到被孙殿英挖出来的时候都还蒙在鼓里呢！

袁世凯大家肯定都特别熟悉了，那么岑春

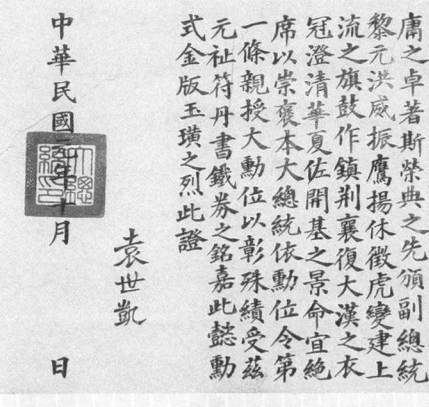

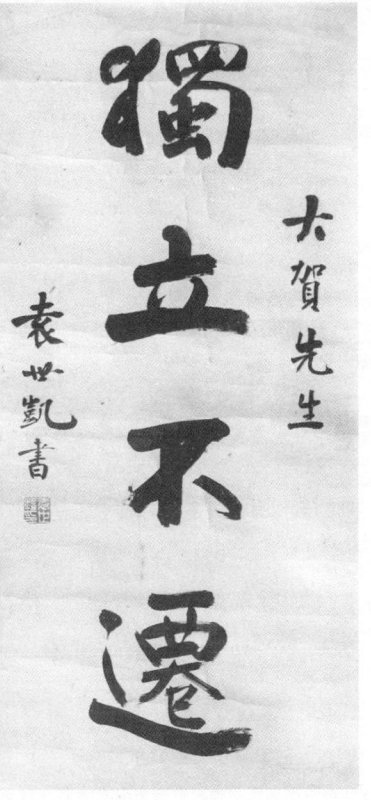

1、3. 袁世凯书法
2. 袁世凯家庭生活照

煊又是何方神圣，竟然敢跟袁世凯叫板？其实，岑春煊跟袁世凯一样，都是慈禧太后的大恩人，推行清末新政的积极分子。袁世凯对慈禧的大恩情表现在戊戌变法的时候，主动向荣禄告密，揭发维新派图谋，使慈禧下定决心发动戊戌政变，后来八国联军侵华，袁世凯又给西安行宫送菜送饭送钱的，颇得慈禧欢心。而岑春煊在慈禧落难前本是个西北内陆省份的地方官，怎么沦落到那里去了？谁让他戊戌变法的时候这么积极地帮皇上推行新政呢！后来一听两宫西逃，良心发现，火急火燎地带兵赶去护驾，日夜兼程，跋山涉水。眼见其他官员都是逃的逃、散的散，对比之下，慈禧对岑春煊的好感突然膨胀，表白道："我母子西狩，若不得你照料，恐将饿死，焉有今日？我久已将你当亲人看待。"于是两人都被重用，袁世凯担任封疆之首直隶总督，开设学堂，改革司法，有声有色；岑春煊总督两广，兴办实业，培育人才，成效显著。而且两人都鼓吹立宪，当时有"南岑北袁"之说。

两人势力都不断壮大，必然会产生矛盾，利益倾轧。双方在上面还都有人，袁世凯巴结的是以贪婪闻名于世的庆亲王奕劻，平时卖官鬻爵，人尽皆知。岑春煊则跟军机大臣瞿鸿机为一派，与奕劻相反，瞿鸿机两袖清风，生活清贫，时人莫不点赞，那些崇尚清廉的官员自然看奕劻一伙不爽，紧跟瞿大人的脚步，还有，先前官制改革，袁世凯提议搞责任内阁等，得罪了依赖旧官制的旧官僚，饱受诟病。

袁世凯首先下手了，他和盟友奕劻合谋，使朝廷下令改任岑春煊为云贵总督，两广总督一职由袁世凯的人接替。虽然都是总督，可当时的云贵与两广比经济实力差距实在是太大了，这绝不是平调那么简单，明显带有整人的性质。待岑春煊一走，袁世凯马上派人去广东调查，搜罗罪证，想再添一把火，结果一无所获，惹恼了岑春煊。对此，岑春煊气得双眼喷火，干脆去了上海，拒绝赶赴云南上班。孰料事情很快发生了转机，朝廷又一纸调令，要求岑春煊担任四川总督，这时，瞿鸿机秘密给岑春煊支了招。等到赴川的轮船停泊在武汉时，岑春煊突然登了陆，发消息给朝廷，大意是要进京面见两宫，还没等朝廷做出回复，他便毅然踏上了北行的列车，直抵京城。

　　此举甚是突然，袁世凯和奕劻都没有料到，来不及阻拦。慈禧得知岑春煊进了京，当即召见了以前的大恩人。一遇故人，当初逃难的情景仿佛历历在目，让人动容，慈禧黯然神伤，忍不住泪水。岑春煊在太后面前声讨奕劻的恶行，还表示自己不愿意远赴四川，想要留在北京，帮助慈禧提防奕劻一伙。慈禧感动了，任命岑春煊为邮传部尚书。岑大人还没上任，就把邮传部侍郎朱宝奎弹劾革职，速度之快令人咋舌。别急，这还只是第一击，很快，一场和女人有关的案件又指向了袁世凯集团。

　　当时东北形势危急，盛京将军请求朝廷派高官前往巡视，商议对策。朝廷就派了奕劻的好儿子、农工商部尚书载振和徐世昌前往，途经天津，邂逅了才貌双全的歌妓杨翠喜，遇此佳人，载振怎会不心动？好感全部都写在了脸上。恰好天津的一个道员段芝贵也看出了其中的意思，嗅觉敏锐的他觉得不能放过这个千载难逢的良机，当即花血本——12000两银子，把杨翠喜赎了出来，送入了载振的怀抱，载振贝子欣然笑纳，不要白不要，安置在了北京的家里。

　　经过中央慎重考虑，决定改革东三省官制，在三省各设置巡抚一名。消息一出，庆王府前门庭若市，都争着要呢！结果呢，东北新的地方大员全是袁世凯举荐的人，更令人们不满的是，黑龙江巡抚竟然是段芝贵！御史赵启霖在瞿鸿机的指示下，弹劾奕劻、载振父子，不顾大局，悍然收受贿赂，不仅收钱还收人，慈禧闻讯大怒，当即罢免段芝贵，并下令严查杨翠喜一案。

　　负责查案的主要是孙家鼐和载沣，一老一少，两个极端。前者宦

图为直隶总督兼北洋大臣袁世凯(中)、视察京师大学堂与官学大臣张百熙(左)、译学馆监督朱启钤

海沉浮多年，精通人情世故，对形势的走向一清二楚，他很了解双方的实力对比，也知道谁更有希望成功，自己应该怎么做才不得罪袁世凯，所以思虑再三，最后交上去的报告是："查无实据。"载沣，也就是末代皇帝溥仪他爹，过于年轻，傻乎乎在那查，结果被忽悠得团团转。

官方自欺欺人，媒体坚决不买账，京津的报纸每天撰文狂轰滥炸，载振撑不住了，被迫辞职，老爹也险些倒台。面对咄咄逼人的攻势，袁世凯、奕劻都不能忍了。碰巧，革命党在广东起事，机会来得好突然，奕劻马上密奏，说广东乱党来势汹汹，实力强大，要想镇住他们，非岑春煊去不可！慈禧深以为然，谕令岑春煊为两广总督，全权负责镇压之事。此日距离岑担任邮传部尚书，不过 23 天，尚书的办公椅还没坐热就被排挤出去了，什么效率呀！只赶出去当然还是不够的，于是袁世凯用了那张照片，也就是开头说的那件事。至于被孤立的瞿鸿机，也免不了倒台的厄运，先是被奕劻弹劾有还政光绪的想法，后又被攻讦暗通报馆，泄露机密，结党营私，最终开缺回籍。作为一个胜利者，袁世凯不忘给瞿鸿机写临别留言：

〈 1913年10月，和各国使节的合影

宦海波生，石尤风起。以傅岩之霖雨，为泰岱之闲云。在朝廷援责备贤者之余，放归田里；在执事本富贵浮云之素，养望江湖。有温公独乐之园，不惊宠辱；但谢傅东山之墅，奚慰生灵。虽鹏路以暂纡，终鹤书之再召。

弟投身政界，蒿目时艰，读芝焚蕙叹之篇，歔欷不绝；感覆雨翻云之局，攻错谁资。敢问起居，藉鸣结稿。

袁世凯说瞿大人的离去是朝廷对不住他，日后瞿大人肯定会东山再起的，但字里行间洋溢着一种调侃的味道，显然是猫哭鼠，鳄鱼的眼泪，故做慈悲罢了，实际上开心得不得了。

许多人为瞿鸿机、岑春煊的失败感到惋惜，世道太黑，怎么清廉的官员没好下场，奕劻、袁世凯这样中饱私囊的人却得志呢？因为作为一个统治者，首先考虑的不是这个人名誉有多少，而是对自己忠诚不忠诚，能不能为己所用，至少不能明显威胁自己的地位，当初嘉庆迫不及待地杀和珅，是因为和珅贪污太多？完全不是，直接的原因就是和珅权势过大，如同二皇帝，令嘉庆非常不满。岑春煊、瞿鸿机的倒台是因为慈禧认为两人已经背叛了自己，帮助厌恶的政敌。再者瞿岑二人也没有实力撼动袁世凯和庆亲王，奕劻是亲王军机，满洲贵族的代表，虽然表面上说是满汉一家，可满人什么时候真把汉人当过一家了？两个汉人大臣挑战满人一把手，可能让你赢嘛？袁世凯天津小站练兵，手下有北洋军，这个根基就更牢了，足以左右满清的时局，所以瞿、岑二人实无胜算。

文／杂了咕咚

袁世凯为不签《二十一条》做过哪些努力？

提到袁世凯，大家必会有自己的看法。特别是他代表的中国政府签署的"二十一条"（也叫《民巷四条》），更是中国有史以来最耻辱的条约之一；也是日本对中国人民犯下的严重罪行。提到这些，是为了以史为鉴。

其实，从签约谈判中的几个细节来看，袁世凯也是逼不得已，为了阻止这个"二十一条"的签订，他已经使出了他所有的手段了。

1915 年 1 月 18 日，日本驻华公使日置益，向袁世凯大总统秘密递交了"二十一条"密约。袁世凯当然不愿意接受，但苦于兵力孱弱，

△ 签订"二十一条"

在军事上无力抗争，只有尽力维护中国政府的颜面。他采取了很多办法。

————— 办法之一：—————

缓兵之计

袁世凯深知日本人希望此事速战速决，中国能立刻签署这份"降书顺表"。于是他定下对策，用个"拖"字诀。不过在谈判筹备期，袁就发现时任外交总长的孙宝琦，不能按袁的想法胜任此事。于是临阵换帅，换成了上海人陆徵祥（陆徵祥是中国外交史上的第一代职业外交家，组建了中华民国外交部），并以曹汝霖等人辅佐。袁世凯用陆徵祥有诸多考虑：一是陆徵祥熟谙外交事务及礼仪，才干上没的说。二是陆徵祥没有派系。陆贫民出身，尊崇圣贤之道，不结党营私，不会被各方利益驱使。三是陆徵祥有知识分子鲜明的特点，善于文墨，书生气十足，单纯做事，且品德优良，便于把控。四是比较关键的，他完全不会日语，呵呵。

人选确定了，北洋政府开始了一场老袁幕后指挥，陆徵祥、曹汝霖台前表演的大戏。日本人希望尽早开始谈判，可是陆徵祥新官上任，有很多事需要他来接手和处理，再加上陆总长有意无意地躲着。别说谈判了，日本人找到人都不易，每次找陆徵祥之前就差扔鞋判断方向了。好不容易找到陆总长，没说两句，也常常被紧急公事打断。每每遇此，陆总长的脸上也总是泛上歉意的笑容。不过该来的一定会来的，在日方的催促下，终于在2月2日星期二，一个很2的日期开始了首次会谈。下午3点，各怀心事的中日双方外交人员步入会场。开场白是必需的（后来是每次谈判的中方固定节目），陆总长是民国第一外交家，口若悬河滔滔不绝，Duang、Duang、Duang从唐朝鉴真东渡日本讲到日本是"远东兄弟之邦"。陆总长讲完以后，出于外交礼仪，日本公使日置益也要发言，但他是带着任务来的。谈判之前，日本外相要求他，趁着英美等列强都忙于一战，无暇顾及中国的时机，尽快让中国签约。所以为了加快谈判速度，日置益简短谈了几句关于中日亲善的话就结束了，打算马上开始谈判。但陆总长又谦逊地笑了笑，把手一摆："看茶。"于是进来几个端庄得体的女服务员，为在座的谈判双方献茶。民国茶歇的这个外交习惯是沿用清朝的，在中国待了十几年的日置益也知道这个习惯，心急如焚的他尽管无心喝茶，但此时的日方不愿意为这样的小事驳中方的面子，破坏目前还算良好的氛围。再好的茶在日置益嘴里，也只有苦没有香。陆总长不愧与茶圣同姓，对品茶情有独钟。端起茶碗的他如同进入了另一个世界，每呷一口，仿佛要尝出茶的灵魂。还时不时地微微点头，让人无法打断他与茶的交流。就这样，将近一个小时过去了，谈判还没有进入实质性阶段。当然，谈总是要谈的，陆总长有再大的茶瘾也只能先放一放了。

在日方看来，确定谈判的时间，是当务之急，他们觉得越早让中方屈服，越有利。日方首先提出天天谈判。可陆总长有他的苦衷："我刚从国外回来接手这么重要的一个部门，时间殊为仓促，还有很多不熟悉的地方，确实没有太多的时间谈判……外交无小事嘛，呵呵。"

"那您看一周谈几次？"

"我的意见嘛……嗯……等我专心把新的工作交接好以后？"

"能不能请贵总长明天再安排一次谈判？"

"明天是周三，是我方外交部每周接见外交使团的固定时间。"

"时间紧急，后天可不可以安排？"

"这样吧，咱们先谈，下一次的时间，一会儿再定。"

"可是，据我们了解就要到中国的春节了，再不确定，此事会有延误。"

"噢？瞧我忙的，把春节都给忘了，哈哈。我看咱们一周谈一次是比较稳妥的，呵呵。"

最后，经过反复讨论，第二次中日的谈判时间确定在 2 月 5 日下午 3 点。

谈判的时候，由于语言障碍，中

∧ 民国三年铸造的袁世凯银币

日双方每说一句话，都要经过翻译，陆总长还好，他性子慢（特别是最近，人老了，事情多，急也急不起来了），可日置公使着急啊，他深深体会到会一门外语多么重要，悔不该没有学中文，哪怕是会一些陆徵祥精通的俄文或法文。就这样，一个好不容易促成的谈判被拆得七零八落的。而且，语速不快的陆徵祥总长不但有极重的南方口音，还经常引经据典，搞得翻译经常会苦着脸，请求陆总长：pardon……sorry……pardon……。这些都不是重点，重点是，谈着谈着，陆总长竟然向日本公使坦然说道："还没仔细阅读条约，希望给一周研究的时间，然后再来详谈。"估计此时日置公使的内心有如下内容："? ……! ……!…… ? ……!"谈到最后，日置公使不无哀怨地说："今日自三钟起至六钟止之时间，毫无进展，何时了结，殊难悬揣。"临别，中日双方还为日方是否带回一张修正案文件的事，又纠缠矫情了半个小时。就这样，第一次谈判，在亲善的主题下，只有很少的进展。

在"拖"字诀的宗旨下，陆总长每次谈判都尽量延耗时间，有时

∧ 袁世凯飞龙币

还会说："此事必须请示，待下次谈判再议。"他将"二十一条"的签字画押一直拖到了5月9日。

而袁世凯利用这段时间，又使用了其他计策。

———— 办法之二：————

反间计

书接前文。1915年1月18日傍晚，详细阅读日本公使递交的"二十一条"以后，袁世凯大总统脱口而出："这是让我做第二个朝鲜！"其实，袁世凯清楚日本一直觊觎中国的利益，但此次条约涉及范围之广、野心之大超出了袁世凯的预料，特别是最后的7款条约（日本将"二十一条"，分成了5组提出。最后这7款，是第5组条约，史称第5号条约）最为蛮横，要求中国的武器要用日本制造的，中国的警察还有政府要员要用日本人。如果签署了这样的条约，那么中国的经济、军队甚至主权，都要被日本完全控制，这跟做亡国奴没有任何区别。岂不是要我袁世凯跟隔壁故宫里的那个溥仪做难兄难弟了？但以中国现有的国力，又不能轻易打仗，个中滋味，可以用一句《杜十娘》里的戏词来形容老袁："好似那凉水浇头，怀里抱着冰。"当然，弱国总统只能一时义愤，理智很快战胜了冲动。袁世凯知道，日本此时递交条约，是因为英美俄法等世界列强正处于一战的混乱局面，无暇顾及中国。不过，日本的政局也不是很稳定，所以老袁的耳边不禁响起了一句话：一切皆有可能！于是，袁世凯决定以缓兵之计拖住谈判进程，等待此事出现转机。大总统让有欧美背景的陆徵祥领衔谈判，同时搭一个亲日派的曹汝霖，让日本人弄不清楚我老袁的真正想法。

接着是第二路人马。谈及这路人马之前，要谈谈日本的政局。当时的日本政府，正处于相对混乱的时期，这种混乱来自于三个方面。一方面大正天皇嘉仁刚刚登基不久，他是个幼年得过脑膜炎，长大常发精神病的天皇。另一方面，日本的内阁交替频繁，新组建的大隈重信刚刚运转不到半年，一切都不稳定（这次的条约是大隈和加藤外相策划的）。还有第三股势力，就是一大批对日本政治存有控制力和影响力的功勋元老，他们是大正天皇的爸爸明治天皇留下的，这些人虽然已经退休，但人老心不老，不肯退出历史的舞台，偏要发挥余热，不烫死别人誓不罢休。这些元老经常会倚老卖老，议论朝政，无论多大的事，都要过问，他们有专门的机构叫元老院。根据日本天皇的要求，内阁决策之前，是要知会元老院的。袁世凯跟日本打交道多年，对日本政局有较深的了解。所以，第二路人马一方面派出情报人员（据说还有日本浪人）搜集各方面信息。重点是获悉在中国的日本侨民，特别是商民的动向。以此来佐证日本政府诉诸武力的说法，是虚声恫吓还是确有其事，从而把握谈判的分寸。另一方面，他找到自己的宪法顾问有贺长雄沟通此事。

日本人有贺长雄的地位可以算是当时国际法学界的翘楚。据说当时袁世凯为了聘请有贺长雄做顾问，支付的年薪仅次于袁世凯自己。本来年事已高（1921年去世）的有贺长雄不愿意来中国，要专心在东京帝国大学里做教授搞法学研究，但实在架不住袁世凯的多次邀请和高额年薪的勾引（这条原因是小的我度君子之腹。不过，保底年薪三万九千块大洋的待遇，不得不让我这个眼皮子浅的小人这么想），通过交往，有贺长雄对袁世凯有了一定的了解和认同，觉得老袁确实想把中国建好，对他也是很诚心的。所以当他知道"二十一条"的事以后，主动向老袁请缨，即刻回日本沟通。

有贺长雄回到日本后首先去的就是元老院，因为他来中国前曾是元老院的干事，人脉甚广，在元老院里有一大批老哥们儿、老兄弟，这些人都是和有贺长雄一起为明治维新出过大力的战友，都是被明治天皇托孤的重臣。寒暄过后，有贺长雄跟元老们沟通条约的事，双方一对答案，大家才知道，此事有蹊跷。大隈内阁的人并没有将条约的全部内容通知给元老院，特别是对侵占中国主权的第5号共7款的条约，更是只字未提！元老们炸了窝，条约对不对先放一边儿，这种晚辈不把前辈放在眼里的态度是不可饶恕的，特别是在等级森严的日本，更是无法接受的。太不尊重老同志了！婶可忍，叔不可忍！于是，以明治时代的内阁总理松方正义为首的元老们，立刻把时任外相的加藤高明召来质询。

"你们外务省为什么没有向元老院报告第5号条约？"

"这些是希望条件，所以没有向各位元老说明。"

"既然是希望条件，对方不愿接受，何必强行逼其接受呢，设若交涉决裂，你们将何以处置？"

"如果支那不同意，我们日本军人将不惜使用武力解决，不出三个月可以完全征服他们。"

"支那国力虽弱，但恐怕三年也未必能够完全征服。不要再说三个月就征服的话了，加藤君。"

"嗨。"

"你走吧。这个事再商议下，我们会向内阁提出建议的。"

事后，加藤将此事告诉了大隈信重，大隈非常恼火，将有贺长雄监视起来，不许他再四处联络。好在有贺长雄早已将元老院的情景告知了袁政府。

后来大隈内阁最终同意不签署第5号条约，也顾忌到了元老们提出的反对意见。俄国驻东京大使曾说："日本之所以放弃第5号要求是由于元老们的力争"这话也许不全面，但反映了一定的事实。袁世凯利用了日本元老院与日本政府之间的矛盾，取得了一定的效果。实际上定稿的不是"二十一条"，经过删除以及修正合并后，最终签署的是十二条（因为有合并，用数字做前后对比，显然不完全合理，但约定俗成姑且用这个数字吧，不过肯定是比"二十一条"少了），被袁世凯称为《民四条约》。

—————— 办法之三： ——————

以夷治夷

时间还要回到1915年1月18日下午，位于中南海总统府，红木大座钟敲了三下。袁世凯大总统突然接到报告，日本公使日置益要求秘密觐见大总统，这是违反外交的对等原则的，公使对等的应该是外交总长，一个公使直接要求觐见国家元首，是很失礼的。如果是国家大事，要越级觐见，按常规也要派个有特使名号的人求见。日方的这一非常举动，让人大惑不解。就好比咱们平常人家过日子，去熟人家说个事，不可能让一个孙子辈儿的孩子，随便找主人家的爷爷说吧，可日本人就干得出来。

作为弱国元首，袁世凯也只能出来支应，他叫上了一直与日本关系不错的外交次长曹汝霖。日置公使见到袁世凯以后，略作寒暄，便递给老袁一个文件，说是天皇带给总统一点儿东西，并说："这是日本为了谋求中日两国永久亲善和平，所做的工作，希望贵总统能体谅我等切切之心，请过目后从速裁决答复。" 此时，身为总统的袁世凯如果拿起来就看，属于国家的最终行为，不可能再有回旋余地了。假如你看了确回答不了，则有失国体和总统威望，如果没考虑清楚就匆匆作答，后果不堪设想。但如果拒绝不接，就会伤及两国关系，这不是袁世凯希望的。虽然袁大总统不知道这份文件里写的是什么，但经过多年江湖历练的他，具备了常人所没有的机警，他并没有打开观看，而是一边递给身旁的外交次长曹汝霖，一边说："这是外交部的事，就交给外交部来处理，不便直接干涉。"

看到袁大总统没有阅读文件，日置公使有些失落，也只能接受现实，但他接着提出了一个日方的要求，希望中方对此文件内容严守秘密，绝对不可以外泄，做到天知地知，你知我知，否则后果会很严重。尽管日本公使的态度让人不快，但这个要求也无可厚非，袁世凯同意了。

等日本公使和曹汝霖都走了，袁世凯仔细看了"二十一条"，对日本侵吞中国的狼子野心非常震惊。日本在英法等列强都投入世界大战的时候，跳出来要挟中国，其心可诛！自己如果答应这样的条约，袁大头的名号岂不会被叫成冤大头？恁这个龟孙儿！

经过彻夜长考，一大早袁世凯就叫来了自己的智库，一起逐条合计了合计，虽然身为陆军总长的段祺瑞主张不惜武力解决，但段总长也明确回答老袁：如果打起来，咱们只能支撑 48 小时。看来爱拼不会赢。于是决定用谈判的外交策略解决此事。

接着就是具体操作，除了确定谈判人选，派出人员四处打听消息事情外，袁世凯自知中国国力不济，国际地位低下，跟日本单打独斗必会鼻青脸肿，所以找帮手帮忙是很关键的。不用一起动手，拉偏架就行。哪怕给说和说和也中！

1900年以来，中国已经像块手抓饼一样，被列强撕着吃了，其中俄、法、英在中国的利益与日本并驾齐驱，身临其中的袁世凯是最明白不过的，如果日本想独占中国利益，这些国家一定不会同意。所以他判断，日本方面一定没有把条款的内容透露给其他国家，否则，日本公使也不会反复说：一定要保密。悄悄地进村，打枪滴不要。围棋里常用一句老话："敌之要，乃我之要。"日本越希望保密，咱们就越要让它成为世人皆知的秘密。于是老袁派出宣传员，到各小区活动。

俄国一直对中国欲壑难填，而且十年前日俄两国因为争夺满洲和朝鲜的利益，在东北打了一年多的日俄战争。当时失败的俄国，逃回家之前，咬着后槽牙，扔下一句：我会回来嗒——！所以，外交部就兴冲冲地把消息点给了俄国，等着俄国发飙。俄国当即又是拥抱又是"哈喽少"，对中国表示同情，可随着时间的推移袁世凯发现，自己很傻很天真，俄国实际上根本不阻拦日本。他们更希望中国人完全接受日本人的要求，这样他们也能按同样的标准向中国提要求了。他们才不顾及什么国际人道主义的陈词滥调。我的是我的，你的也是我的。况且还是个自己不用出手，就能渔翁得利的好机会。

而法国正跟德国打得焦头烂额，哪有时间罩着在远东的中国人。况且，法国在中国的利益是其他几国之中最小的，跟日本的关系也不错，所以针对日本的无理要求一直不言不语，仿佛突然得了选择性耳聋一样，在一边儿犯病去了。

英国是当时的世界带头大哥，所以袁政府很关心英国政府的态度。如果有老大撑腰，做小弟的受了欺负的话，可以略略直直自己的腰了。英国在华利益最大，"二十一条"的谈判初稿对它的利益损害也是很大的，同时，英国驻华大使朱尔典跟袁世凯友谊深厚，有三十多年交往了，他个人一直关注并暗中力挺老袁。实际上，日本在向中国递交条约文件之前是跟英国沟通过的，英国毕竟是世界老大嘛。但内容比较含糊，而且并非全部，隐瞒的部分（第 5 号条约，前文已述）恰恰是最不要脸的部分。当英国知道全部内容后非常恼火，日本竟拿自己当傻子耍，不过鉴于战争期间，而且英日两国有同盟条约，不好明着翻脸，在暗中向中国传递出可以拒绝日本无理要求的态度。如果日本坚持，我大英帝国自有办法解决。但就在此时，出现了意外，英国殖民的新加坡发生了兵变，由于一战，在新加坡的英国驻军太少，无法平息兵变，英国政府只好求助日本舰队协助平息了此事。这件事，使陷入一战的英国政府明白了自己在远东鞭长莫及的现状，改变了先前的态度，反而劝中国做小强，要忍耐。除了拒绝太过分的条款外，千万不要用武力对抗（签约前，段祺瑞已经连续不断地调兵三周了）日本，中国最好还是："暂时忍辱，只要力图自强，埋头苦干。十年之后，即可与日本一较高下。"无疑，这对袁政府打击不小。

在这次"二十一条"谈判期间，美国的所作所为，给北洋政府带来了些许安慰。当时的美国还是世界政务的一股新生势力，他们一边闷头发大财，一边用自己的价值观在世界舞台上崭露头角。他们在国际事务上自觉"年轻而弱小"一直游离于当时世界中心（欧洲）之外，不过，他们对中国还是很关注的，他们是第一个在国际上承认民国政府合法地位的国家。这一次，由于他们开始并没有加入一战，所以对中国政府的窘困要比其他列强更上心一些，他们始终是站在了中立的立场，并在日本打算正式向中国发出最后通牒的时候，劝告日本要"忍耐和相互宽容"（这在当时的背景下，已实属难得），但美国政府也许没想到袁政府已经在日本的压力下，扛不住了，提前向日方非正式地表示了签约的可能性。美国的劝告来晚了。不过，美国在整个事件中，也发挥了一些作用。

1月22日，美国公使芮恩施了解到了日本的无理要求，虽然他不知道细节，但他知道程度，因为一位交好的中国总长向他哭诉了日本的野心（由于保密原则，总长并没有透露细节）。这使得美国公使知道了事情的严重性，刚好《泰晤士报》驻北京记者威廉·亨利·端纳来拜访他。作为公使，他不能说更多，只是暗示："如果你四处看看，你就会发现发生了某种事情。"作为新闻记者，嗅觉是最发达的，立刻就闻着味儿行动了。瑞纳与中国财政总长周自奇关系不错，于是他立刻拜访了当时休病假的周自奇总长。虽然彼此是朋友，但瑞纳也无法确定，周总长能不能违反原则，将条约的内容告诉自己。见面难免寒暄，但见面不是为了寒暄，明明很熟悉，相对竟无语。彼此知道对方要说什么，而且一个愿意听，一个愿意说，屋子里却突然出现了安静，这个安静实在太厚重，厚重得无法一拳击碎。这时候端纳头脑的灯泡亮了，叮的一声，想出一个办法，他把日本可能会对中国提出的要求逐条写下来，然后要周自齐在那些不对的地方用铅笔点一点，没有写到的地方画些图形之类的非文字提示。就这样，一张夹杂着上古图形文字的英文条约，诞生了。虽然还是不全，但文字间透露出的杀气，已撕破古老的北京城。

瑞纳感觉到了巨大的新闻价值，为了进一步确认，他马不停蹄，接着拜访了袁世凯的政治顾问乔治·莫利循。莫利循也是记者出身，也曾供职在《泰晤士报》，两人的关系自然是没得说，但莫利循的位置是不可能主动将国家机密提供给瑞纳的。当瑞纳提出要了解"二十一条"的内容以后，莫理循带着一种不寻常的神情看着端纳，说"请原谅，我得去书房一会儿。"但这时莫理循把桌上的一堆文件整了整，端纳一直注视着，突然，莫理循的手在中间的文件里停了一会儿，随后一言不发地离开了办公室。端纳心领神会，立即向办公桌走去，直接翻到了莫理循的手停留过的文件，文件是条约全文的副本，瑞纳将文件的内容记录下来(说明下：让莫利循确认的故事细节应该是后人揣测的，因为当事人是不可能承认或说明的。但事情是有的，这可以找到文献佐证)。这时的瑞纳让我想给他起个新名字：瑞纳责成。

拿到条约全文的瑞纳立刻给《泰晤士报》总部发去电报，但结果却出人意料，瑞纳等来的不是《泰晤士报》发表的新闻稿，等来的是上级的斥责，说瑞纳夸大事实，哗众取宠。那时的电报电话费很贵嗒，不远万里花钱骂人也是醉了。原来《泰晤士报》接到端纳的来电后，非常重视，立刻与日本使馆提供给《泰晤士报》的条约内容经行比对，结果差别很大。但他们哪里知道，日本给的内容是删节版的。

没时间伤心的端纳，急于将条款公布于世，又火速将这一重要信息透露给了美联社驻华记者摩尔，然而摩尔也是苦命人，得到了同样的结果，因为日本驻华盛顿大使说消息是假的，very，very 的假。此时的瑞纳像拿着璞玉找不到识玉之人的卞和。端纳只好又找到《芝加哥每日新闻报》驻北京记者纪乐士（这个名字的译文很奇怪，我没有找到原文。有高手可以指点我下），把消息告诉了他，纪乐士一字未改将整条消息发回报社。终于，《芝加哥每日新闻报》通栏刊登了条约的全部内容。真相由此大白于天下，举世哗然，"日本封锁世界舆论，不让中国官员讲话的企图破灭了。" 4月1日，东京的半官方报纸《日本邮报》也不得不登载了英文版的"二十一条"全文。

　　袁世凯借助外力的以夷治夷的办法，也是弱国外交中没有办法的办法。从整体上看，还是有一定作用的，但确实改变不了最终的结果。在谈判初期，袁世凯对自己的危机公关的效果，还是持乐观态度的，他曾这样对美国公使说："嗡嗡叫的蚊子弄得我睡不好觉，但他们还没有把我的大米搬走，因此我还可以生活。"但后来，看到欧洲那边的战争并没有结束的可能，各国顾及不到中国，日本又不断增兵逼迫，袁政府最后也只好在悲愤中签署了"二十一条"（《民四条约》）。

　　签署条约后，袁世凯向政府百官发了密谕，视"二十一条"为奇耻大辱，要大家一定发愤，不能让日本侵占中国的阴谋得逞。他把签署日5月9日定为了中华民国的国耻日。可以说，"二十一条"的签订，是中日历史沉重的一天，同时也为后来二战时期日本的侵华战争埋下了伏笔。

近代往事

黑帮往事

一入江湖岁月催

文／夏临与秋笙

　　三年前，王晶导演推出了一部江湖片，叫作《大上海》。在这部片中，两代"许文强"周润发和黄晓明同框，分别演绎了上海滩大亨成大器的青年版和中年版。洪金宝与吴镇宇则分别扮演与成大器地位相当的另外两位大亨洪寿亭与茅载。剧中人物成大器、洪寿亭和茅载的原型正是民国上海滩三大亨杜月笙、黄金荣与张啸林。

　　三大亨中最年长的是黄金荣（1868-1953），张啸林其次（1877-1940），杜月笙最幼（1888-1951）。这其中出道最早的自然也是年岁最长的黄金荣，早在清末，20岁出头的黄金荣就进入上海法租界巡捕房做了华人探员。而他青少年时混迹于三教九流以及做过县衙捕快的经历，使他在网罗地痞流氓、打探消息这方面的能力发挥得淋漓尽致。

〈从左到右分别为：杜月
笙、张啸林、黄金荣

鉴于黄金荣办事卖力、消息灵通，他在法租界巡捕房混得是如鱼得水，加之他通过黑道上的关系连破了一系列大案要案，巡捕房荣升他为警务处唯一的华人督察长。

以往法租界巡捕房督察长这个职务，都是法国人占据的，黄金荣能坐上这个位子，足见他确有通天的本事，看他破的三件大案便知。第一桩是宋教仁遇刺案，1913年国民党元老宋教仁在上海被刺杀，时任沪军都督的陈其美委托在十里洋场纵横近二十载、黑白两道通吃的黄金荣协查此案。黄金荣果然不负众望，找出的线索直指幕后黑手为袁世凯心腹、国务总理赵秉钧。虽然此案因时局复杂且陈其美、赵秉

∧ 黄金荣（左）与张啸林（右）

钧与袁世凯均于三年内逝世而不了了之，但是黄金荣在上海滩的声望借此得到了稳固。

　　但是真正让法国人对黄金荣刮目相看的，还是他破获的两件绑架案，因为两件案子的人质都是与法租界有莫大关系的法籍人士。其一是法国总领事书记官夫妇在太湖游玩时发生的绑架案，黄金荣通过黑道关系，打通太湖土匪的路子，将人质安全救出。另外一桩是发生在1923年的临城大劫案，京沪特快列车上数十名中外乘客被劫持，其中包括一名法国天主教神甫和一名法国公使馆参赞。手眼通天的黄金荣，居然带人从山东地界上将法籍人质安全救出并平安送达上海。

　　在巡捕房火速蹿升的同时，黄金荣也开始设立帮会、广招门徒并且结交权贵。除了淞沪护军使、淞沪警察厅厅长这类地方实权要员之外，连孙中山先生都是黄府的座上客。资助潦倒的蒋介石赴广东投奔孙中山，是他黄金荣得最妙的一笔政治投资。有人脉、有手段，门徒遍布警界、工商界、新闻界、文化界以及医药界，黄金荣做起生意来也是风生水起。当然，这样的生意多半是捞偏门，什么来钱就做什么，贩烟土、设赌场、开戏院等等。

相比黄金荣有白道的身份，张啸林的发迹史可就简单纯粹得多。张啸林少年时念过私塾，还上过两年浙江武备学堂，只是性情顽劣，还没毕业就开始混江湖。机缘巧合之下，他从杭州混到上海，搭上了英租界黑道人物季云卿，随后经父辈友人介绍，加入青帮。因为打架斗勇异常凶悍，加上又识文断字，且常常自比奉系军阀张作霖，他在帮内颇得人心，被称作"张大帅"。

张啸林在青帮渐露头角之后，也是交友广泛。青帮如黄金荣、杜月笙等大佬自不必说，他在浙江武备学堂的昔日同窗张载阳和周凤岐，于军政两界平步青云，分别做过浙江省省长和省主席。通过张载阳，张啸林又结识了浙江省督军卢永祥，这样的人际关系网，看上去可着实高大上，为他扬名上海滩作了很好的铺垫。

∧青帮徽

1. 张啸林（中）与杜月笙（右）在杜家祠堂
2. 虞洽卿与杜月笙、王晓籁、张啸林等合影

张啸林在青帮做的生意，不外乎也涉及黄、赌、毒之类的暴利产业，加之控制了部分码头漕运，并开设饭庄和木材商行等。

与张啸林拜老头子入青帮、空手套白狼的经历类似，杜月笙也从一个穷苦人家出身的水果店学徒，一跃成为踩踩脚上海滩就抖三抖的一代大亨，和提携他的伯乐黄金荣不无关系。杜月笙初入青帮时还是辈份比较低的小喽罗，正好黄公馆需要人手，杜月笙便被选中去打杂。在黄公馆，杜月笙一改从前小偷小摸又滥赌的劣迹，费尽心思揣摩黄金荣及其身边人的脾气性格，投其所好、事事勤谨，很快得到老板娘林桂生的赏识，并通过林桂生的推荐成为黄金荣的得力干将，染指烟土和赌场生意。

背靠黄金荣这棵大树，杜月笙的鸦片生意在法租界畅通无阻，同时也一步一步开始自立门户。但他并不满足于现状。1925 年，杜月笙与另两位大佬黄金荣、张啸林成立了三鑫公司，不仅垄断了法租界鸦片贸易的进货、运输和分销，并给进出上海的其他国内外鸦片商人提供保护，并收取鸦片价值的一成作为保护费。

杜月笙靠鸦片和赌场生意积累了巨额财富，但他的花销也是非常惊人的。因为杜月笙是三大亨中最会做人的一位，他信奉的是这样人生哲学："钞票再多

> 杜月笙

1.1931年，杜月笙举办的声势浩大的家祠落成典礼

2.1934年，上海滩闻人的聚会。前排自左至右为青红帮巨头杜月笙、外商鲍氏、外交家蒋廷、上海市长吴铁城、上海市保安处处长杨虎

只不过是金山银山，人情用起来好比天地。"他存人情的方法不仅仅是用金钱买通，而且还有急公好义的名声相配合。很多达官显贵解决不了或不便出面的事，求到杜月笙门上，他常常应承"闲话一句"，一旦应承的事，就说到做到。

俗话说："长江后浪推前浪，前浪死在沙滩上。"黄金荣因一个女戏子与浙江督军卢永祥之子争风吃醋，进而得罪了卢永祥并被其部

〈 孟小冬、杜月笙于上海合影

下绑去，全靠杜月笙和张啸林四处奔走才得以脱身。自此以后，靠着比黄金荣更胜一筹的见识、气魄和谋略，杜月笙在上海滩逐渐取而代之。

1927 年至 1937 年是杜月笙的黄金时代。1927 年底蒋介石与宋美龄在上海举行婚礼，杜月笙曾出力协助安保。法租界工人与资方闹纠纷，工会请杜月笙做代理，而资方也请他做代理。他调停的时候不偏不倚，给两边都分析得失，在给工人加薪的具体数额谈不拢的情况下，自己还出钱补齐差价，令双方都感念他的恩惠。这也是杜月笙"刀切豆腐两面光"的做人准则。后来杜月笙做到了法租界公董局的华董，在法租界的最高行政当局中有了一席之地。要知道老大哥黄金荣也只不过在公董局下属六大巡捕房之一的麦兰巡捕房做督察长,直到其 60 岁退休,小兄弟杜月笙真是青出于蓝而胜于蓝。

要说三大亨是上海滩黑帮头子,无恶不作,是不准确的。他们在势力范围内建立并维护了一套奇异的秩序,特别是杜月笙,能够不使用暴力解决的问题,就尽量不使用暴力。比如他解决劳资纠纷的方式,不是靠殴打威胁工人代表,而是靠谈判。三大亨在慈善方面也表现积极,比如出资兴办学校,募捐赈灾,扶贫济困,从某种意义上来说,他们也算是近代中国慈善业的推手。1932 年淞沪会战爆发后,三大亨也曾自发成立上海市民地方维持会,积极接应军需,扶伤济难。

但到了全面抗战爆发特别是上海沦陷后,三大亨终因理念不同而分道扬镳。其中,杜月笙是坚定的抗日派,黄金荣在小兄弟杜月笙影响下进行了非暴力不合作,而张啸林则主张有奶便是娘,最后沦为汉奸。黄金荣在孤岛时期一直装病,拒绝为日本人效力,生病这个理由对一个年近七旬的老翁来说,显得既合情合理又不引人注目。更戏剧性的情节当属杜月笙和张啸林两个昔日把兄弟在抗战期间的经历。

从七七事变开始到十一月上海沦陷期间,杜月笙又是赴电台做抗日演讲,又是筹措经费和军用物资支援淞沪战场上的国军,还应八路军驻沪代表潘汉年的要求,向晋北前线的八路军捐赠荷兰进口的防毒面具 1000 套,此后又陆续为中共将领筹得通信器材和装甲保险车等军需物资。除了协助上海市救济会收容和安置难民之外,杜月笙也直接参与了部分军事行动,他向戴笠提供便利,使苏浙行动委员会别动

〈 杜月笙家庭照，左三为
姚玉兰，左四为杜美茹

队得以成立，不但出力气还出人手，号召自己的帮会成员报名加入。
这支后来被称为"忠义救国军"的万人队伍，在协助国军作战、扰乱
敌后、搜集情报和暗杀除奸方面发挥了巨大作用。上海沦陷之际，为
配合蒋介石封锁长江拖住日军进攻步伐的计划，杜月笙又带头凿沉自
家的轮船，其他的轮船公司也纷纷响应。

当杜月笙拒绝日本人的利诱，并逃往香港后，他依然在香港遥控
着帮众，协助抗日活动。听闻汪伪高官陶希圣和高宗武有弃暗投明之
意后，杜月笙在蒋介石授意下当即着人安排陶、高二人秘密离沪赴港，
此后二人在香港公开曝光"日汪密约"，此举对汪伪集团造成了不小
的打击。

杜月笙有功于抗日大业，他在抗战期间的表现，完全当得起"英
雄好汉"这样的称呼。但若说他是毁家纾难、大公无私，却又过了。
毕竟他是从林法则里脱颖而出的江湖黑道中人，时机合适的情况下顺
便捞点油水、打打擦边球的事也是有的。比如他成立的通济公司，将

上海等沦陷区的物资运往国统区，再将日方所需的物资从国统区运往沦陷区，从中获利。此举当然首先是获得了蒋介石的首肯，大大地解决了国统区物资匮乏的难题，但也给日军带来了同样的好处。与此同时，蒋、汪特工在敌后屡屡过招，持续消耗的结果是双方都无以为继，蒋介石通过杜月笙与对方进行斡旋达成了某种妥协，这是符合杜月笙"刀切豆腐两面光"的性格的，也成为他日后被诟病的污点之一。

与杜月笙坚定抗日的表现截然相反，张啸林在上海沦陷后公然投敌。因张啸林是浙江人，又曾在杭州的浙江武备学堂念过书，日本人先是让张啸林出面成立了杭州维持会，由他担任会长来帮日本人"稳定秩序"。之后不顾把兄弟杜月笙的劝阻，张啸林在上海成立新亚和平促进会，替日本人筹措大米、棉花和煤炭等物资，一方面可以让日本人承情，另一方面自己也可以大发横财。张啸林对日本人的积极配合，换来了日本特务机关头子土肥原贤二的承诺，伪"浙江省主席"的位子将由张啸林来坐。

上海沦陷，黄金荣退隐，杜月笙离沪，对于张啸林来说，正是自己独霸上海滩的绝好时机。以往因为黄金荣资历老、出道早，压在自己头上倒无话可说，但杜月笙比自己小，出道也比自己晚，竟然后来居上，实在是心有不甘。何况，张啸林一直认为，在租界替西洋人做事，和目前替东洋人做事，并无不同，杜月笙凭什么就指责他是汉奸呢？

张啸林的附逆投敌，影响恶劣，早已引来国民政府的不满。戴笠向潜伏在上海的军统特工下达了针对张啸林的除奸令。但是，张啸林作为黑帮老大，刀口舔血的日子对他来说并不陌生，而且由于身边投靠日本人的朋友接连遇刺，他的安全防范意识提高到了前所未有的地步。军统特工在更新舞台和新亚大酒店的暗杀计划均告失败。张啸林广募神枪手做保镖，张公馆更是在日本宪兵的保护之下，可是"法网恢恢，疏而不漏"，他最终还是被枪杀了。张啸林到死也还是没有当上伪"浙江省主席"。

张啸林被暗杀的消息传开，军统上海区区长陈恭澍（shù）以及远在香港的杜月笙都大为震惊。枪杀张啸林的，本是张的贴身保镖，名叫林怀部，此前陈恭澍及杜月笙都没有听说过这个人。军统的确一直在暗中进行除奸计划，但这次的枪击案，除奸行动组组长陈默事先并没有向陈恭澍报备。林怀部是不是军统的人，陈恭澍自己都无法确认，唯一肯定的是，此人并不在军统上海区特工名单中。其时，杜月笙也曾协助过军统在上海的除奸行动，那么，林怀部是杜门中人吗？杜月笙方面对此矢口否认，江湖中人义字为先，张啸林是杜月笙的结拜兄弟，杜月笙要是做了这件事，日后必定在江湖上抬不起头来。至今，张啸林之死，军统和杜月笙两方面都脱不了干系。即便军统特工花名册上没有林怀部，但出于安全原因，不记录具体执行人员的名字，也是常见的做法。除了直接联系的上线，就连除奸行动组组长和上海区区长，也未必知道是哪一个人动的手。还有一种说法，林怀部与杜月笙的管家万墨林认识，他能被张啸林挑中做贴身保镖，跟万墨林有着千丝万缕的关系。但这两种推测，都查无实据。

案发当日，林怀部束手就擒，被法租界巡捕收监。自始至终，林怀部都坚称枪杀张啸林是出于私人恩怨，因为工资太低，又经常受气，情急之下失去理智，并非事先谋划。有意思的是，法租界称案发地在租界范围内，拒绝了日本人要把林怀部转交给日本特务机关的要求。林怀部一直被囚于法租界监狱内，直到抗战胜利后被释放。此后，这个人就像人间蒸发了一样，下落不明。有人说他一直留在上海，解放后还在上海房管局工作，一直到退休，但上海房管局的档案中查无此人。也有人说，林怀部被释放后，回到山东老家务农，晚年生活困苦。林怀部这个人的出现和结局，一直是个未解之谜。

抗战胜利后，杜月笙回到上海，一边重整旗鼓，一边依旧替国民党接收上海鞍前马后。他满以为，凭自己的功劳和实力，国民政府不说论功行赏，至少在上海地界上也得敬自己三分吧。哪知，蒋介石似乎不是这么想的，普天之下莫非王土，"白相人"只是一杆枪，指哪打哪就成了，可别真拿自己当左膀右臂。原本朝中能替他说得上话的要数戴笠，抗战期间二人没少合作过，但戴笠死后，杜月笙与蒋介石沟通的纽带就此断裂。

黑道浸淫数十载，杜月笙也想洗白，暗中影响政坛是一回事，直接踏入政坛又是另一个全新的诱惑。可是后来杜月笙的脸被打得啪啪响，别说进入政坛的美梦化为泡影，就连自己在上海商界的地位也受到威胁。杜月笙参加上海市参议会议长选举，高票当选，结果却在蒋介石的暗示下被迫辞去该职，由蒋的亲信潘公展接手。要说这件事让杜月笙郁闷难平，那么后来蒋经国为控制通货膨胀、整顿经济秩序而在上海开展的打老虎行动，可是让杜月笙失了面子又失了里子。他的管家万墨林以囤积居奇的罪名被抓，儿子杜维屏也因投机倒把罪被抓，虽然后来被开释，杜月笙在表面上还是继续支持蒋家的行动，但嫌隙已生，再难弥补。

转眼国民党大势已去，江山就要易主。国共双方都接触过杜月笙，蒋介石希望他跟着去台湾，而共产党则希望他留在上海，可最终杜月笙哪边都不选，而是决定去香港。他不去台湾，我们可以理解成他是对蒋介石寒了心，而他离开上海，多少也是因为他手上沾了共产党人的血，怕事后被清算。早在 1927 年四一二事件时，上海的三位大亨都站在蒋介石这一边，协助他完成"离俄清党"的计划，其中以杜月笙最为坚决。一向秉持做人留有余地的杜月笙，会这么做，道理也很简单，当时左派工人纠察队要推翻行帮组织，铲除各大商会，作为青帮大佬，三大亨的行帮势力和社会地位正受到威胁。动武虽说是最差的选项，但腥风血雨里挣下的江湖地位，要捍卫它的话，杜月笙是绝不会心慈手软的。

文首中讲到的那部电影《大上海》，结局非常壮烈悲情，茅载（原型张啸林）被保镖除奸，大哥洪寿亭（原型黄金荣）和小弟成大器（原型杜月笙）也都死于与日本人的火拼中。但真实的历史，往往比电影，更令人唏嘘。

沉寂已久的老大哥黄金荣，既没有去台湾，也没有去香港，而是选择留在上海。八十多岁的人了，来日无多，只想埋骨故乡。安定了没有多久，镇压反革命的运动就来了，1951 年黄金荣在报纸上登出了自白书，表示"愿向人民坦白悔过"，要"洗清个人历史上的污点，重新做人"。昔日门生故旧自保尚且不及，哪有余力顾及他，能做到不落井下石，已是殊为不易。不久，83 岁的黄金荣被安排去扫马路，他在自己昔日产业大世界门口扫地的照片，经报纸登出后，引起轰动。两年后，这位上海滩大亨终于油尽灯枯，撒手人寰。

> 解放后扫大街的黄金荣

　　杜月笙曾经鸦片成瘾，还有气喘病，自离开上海后身子骨一日不如一日。好在身边除了家人围绕，尚有一代名伶、红颜知己孟小冬。因孟小冬曾与梅兰芳有过一段不长的婚姻，一代大亨杜月笙与"须生之皇"的情事也蒙上了一层玫瑰色。据杜府朋友称："杜先生和孟小冬感情交关好，两个人嗲是嗲得来。"杜月笙在逝世前一年，与孟小冬正式成婚，算是给了"冬皇"一个五夫人的名分，以及后半生的财产保障。1951 年 8 月，杜月笙病逝于香港，后由四夫人姚谷香扶柩，下葬于台北县汐止镇。

　　上海滩三大亨从发迹到谢幕，不过就是半个多世纪的事。"眼看他起朱楼，眼看他宴宾客，眼看他楼塌了。"真真是，皇图霸业谈笑中，不胜人生一场醉。

文／猫不闻饺子

历史上真实的斧头帮帮主

看过周星驰红极一时的电影《功夫》的人，对其中的斧头帮应该都印象深刻。电影中的斧头帮，见钱眼开，打家劫舍，无恶不作，欺压社会底层劳苦大众，出场亮个相还得跳上一段广场舞。跟影片中对斧头帮的描绘不同，历史上真实的斧头帮却恰恰是为了保护底层劳工对抗资本家的剥削而成立的，斧头帮第一任帮主王亚樵本人更是颇有些侠义心肠。

在当时的上海滩有一批安徽籍的社会底层劳工人员，这些人主要靠出卖劳动力来谋求生活。当年王亚樵孤身一人闯荡上海滩的时候，因为生性好打抱不平，经常替在上海滩打工的安徽老乡出气。为了能

∧ 斧头帮第一任帮主王亚樵

在上海滩站稳脚跟，所谓"工欲善其事，必先利其器"，王亚樵到铁匠铺定制了一百多把利斧，组织了一大批安徽老乡成立了"安徽上海劳工同乡会"，专门替被欺负的安徽老乡出气。由于每每出去打架都是人手一把斧头，在当时的上海滩黑道可以说是独具特色，就被人称之为"斧头帮"。王亚樵本人因为自小学武，打起架很在行，加之这帮劳工都是社会底层人员也没什么资产，光脚的不怕穿鞋的，打起架来是异常拼命。逐渐的斧头帮在上海滩成了一支叫人闻风丧胆的势力，连当时上海滩最大的黑势力青帮都忌讳三分。

王亚樵这个名字在民国史上被提及还常常伴随着一个头衔——民国第一杀手。蒋介石、戴笠、汪精卫等在政坛风云一时的人物，一提到他可谓寝食难安。然而就是这样一个人，照片里的他戴着一副眼镜，看上去颇有些书生气。其实王亚樵不仅自幼习武，还曾经中过秀才，甚至当过一段时间的教书先生。与后来的"民国第一杀手"、"斧头帮帮主"等名头对比起来，反差还真是有点大。

因为斧头帮专门替穷人撑腰，因此会众的发展速度非常快。据说最多的时候，斧头帮成员多达十万，当时上海滩几乎所有的人力车夫都是斧头帮的外围成员。这帮人力车夫整日混迹街头见多识广，消息灵通，为斧头帮的势力扩散提供了很大帮助。这一点去过北京的朋友应该体会最深，在北京消息最灵通且最能侃的就是出租车师傅，时不时还跟你聊聊"海里"（指中南海）的事儿。

1923年皖西军阀卢永祥找到了王亚樵，让他帮忙暗杀淞沪警察厅厅长徐国梁，事成之后王亚樵被卢永详任命为浙江别纵队司令。自此王亚樵将斧头帮一切事务交托给手下打理，本人亲自到浙江湖州开始招兵买马。日后成为国民党军统特务头子的戴笠，当时还是上海滩的一名小混混，久闻王亚樵的大名就投到了王亚樵的门下，还和王亚樵结拜为兄弟。1925年卢永祥兵败下野之后，王亚樵也回到了上海继续做他的斧头帮帮主，并推荐戴笠报考黄埔军校。

王亚樵这个人和其他黑帮头目不同，他还很有些政治抱负。而他实现自己政治抱负的途径也很特殊，妥妥的"美特斯邦威，不走寻常路"——组织暗杀团伙，做政治杀手。九一八事件爆发之后，王亚樵组织了一支铁血锄奸团，专门刺杀日军将领和汉奸叛徒。淞沪大战国民党军战败之后，上海被日军控制，当时的日军侵华总司令白川义则比较作死，在虹口公园搞了个庆祝大会，被王亚樵派去的朝鲜人暗杀了。

1931 年蒋介石召开国民大会想要推行独裁统治，遭到了国民党元老胡汉民的强烈反对。没想到蒋介石竟然将胡汉民软禁了起来。当时胡汉民的亲家林焕庭联系到了王亚樵，开价 20 万大洋请求王亚樵刺杀蒋介石。王亚樵得知蒋介石和夫人宋美龄正在庐山度假，就秘密策划了一起暗杀行动。当时摆在王亚樵面前的第一个难题就是庐山戒备森严，如何才能把武器运上庐山？经过和手下的日夜商议，王亚樵决定让自己的弟媳装扮成贵妇人，把武器藏在火腿当中，让两名女眷挑着带上了庐山，然后早在庐山埋伏好的王亚樵派去的杀手，再从火腿中取出枪支弹药，万事俱备只欠东风。然而人算不如天算，王亚樵派出的杀手埋伏在竹林中，本来准备等蒋介石走近再下手，没想到被暗巡队员发现了，情急之下仓促开枪并未打中蒋介石。庐山暗杀行动就此以失败告终。

庐山刺蒋失败之后，王亚樵还在上海火车北站策划了一起刺杀宋子文的暗杀行动，然而事情的发展却颇具戏剧性，派出去的杀手并不认识宋子文，错错杀了宋子文的秘书。宋子文阴差阳错地躲过一劫。

一连串刺杀国民党高层的行动使得王亚樵名声大噪，蒋介石更是亲自下令悬赏一百万通缉王亚樵，自此王亚樵基本奠定了自己"民国第一杀手"的地位。受蒋介石之命，戴笠多次缉捕王亚樵却都以失败告终，当年的结拜兄弟成了势不两立的对头。

　　庐山事件虽然失败，但王亚樵对蒋介石的刺杀行动却并未就此结束。1935年国民党第四届六中全会在南京召开，王亚樵又策划了一起以刺杀蒋介石为第一目标的暗杀行动。王亚樵派杀手装扮成记者混入会议开幕式记者招待会会场，然而蒋介石并未出席合影活动，杀手只得退而求其次对着汪精卫"duangduangduang"就是三枪，汪精卫身受重伤不过命大没死。因为蒋介石的缺席，当时的舆论大多认为蒋介石是策划此次暗杀事件的主谋，蒋介石就这样替人背了黑锅吃了哑巴亏。

　　蒋介石当然是震怒啦，就给戴笠下了死命令必须除掉王亚樵。戴笠得到线报称王亚樵就在香港，为了保密，戴笠并未通过官方渠道进入香港，结果戴笠因携带武器被以非法入境的罪名给拘捕了。王亚樵就这样又一次躲过了戴笠的追捕。

　　王亚樵离开香港后去了广西，为了躲避军统的追杀，王亚樵还给周恩来、毛泽东和朱德写了封信，想要去延安参加共产党革命。还没等延安方面回信呢，王亚樵就被戴笠派去的特务给暗杀了。就此，一代暗杀大王也死于暗杀。

毛主席评价王亚樵，"王亚樵杀敌无罪，抗日有功，小事欠检点，大事不糊涂"。

附王亚樵原创的一首词：

《念奴娇·西江烟雨》

西江烟雨哭陆沉，魑魅魍魉狐兔，北土沦亡黄流注。中原烽火弥路，悲恨相继，万里烟尘，江山知何处。堂堂中华，难忍东倭猖寇，醉生梦死内战，媚倭求存，何言对国人！闽海羊城兴义师，苍苍太无情，天涯海角，足迹无门，千载留泪痕。鸥蒙山重，北顾延河非孤云。

∧ 1880 年，年幼的光绪在皇家护卫的照看下骑马

光绪，一个音乐天才不幸当了皇帝

文／冯玄一

中国历史上，艺术气息浓厚的人往往不适合当皇帝。比如写得一首好词的南唐后主李煜，比如书画造诣极高、独创瘦金体的宋徽宗赵佶。清朝的倒数第二个皇帝光绪和李煜、赵佶是一类人，只是光绪帝载湉在艺术上的名声远没有李煜、赵佶显赫。我们只能从一些晚清人士的笔记、回忆录中依稀看到那个具有音乐灵气的光绪。在他们的记述中，光绪是一个音乐天才。

清朝驻法公使的女儿德龄在《清宫二年记》中写道："他（光绪）是一个天才音乐家，无论何种乐器，一学就会。他极喜欢钢琴，常常叫我教他。在朝堂里就有好几架壮丽的钢琴。他对于西洋音乐有极深的嗜好，我教了他几支华尔兹，他能够弹得很合节拍。"从这几句记述来看，文弱的光绪皇帝应该是个在音乐方面很有才气的人。

还有个关于光绪巧改音乐盒的有趣故事，也可以看出他在音乐方面的天赋。

光绪皇帝支持康有为、梁启超提出的变法改革，这触犯了慈禧太后的大忌。变法遭到废止，康、梁成了通缉犯，光绪也被慈禧太后软禁在瀛（yíng）台。那会儿没有电视也没有网络，只能看书写字。光绪情绪苦闷，看书写字之外就是听外国使臣进贡的"八音琴盒"。那是一个拧紧发条就能发出动听音乐的音乐盒。好听的音乐次数听多了也会觉得噪耳朵。一天，光绪突发奇想，把琴盒给拆了。或许他觉得

∧ 晚清皇室集体画像，前排右二为光绪皇帝
〈 少年时的载湉（光绪帝）与生父醇亲王奕譞（xuān）的合影

1		4
2	3	5

1. 20世纪末各国君主的画像，前排坐着的左边第二个为光绪
2. 1908年明信片上的光绪帝
3. 1900年英国鄂丁香烟公司发行大清光绪皇帝真像照片卡
4. 光绪自天坛返回紫禁城
5. 1908年光绪皇帝葬礼路边跪送的百姓

好奇，想看看里面有啥装置；或许就是闲得发腻了，想找点事情做；又或许，他想做些不一样的东西。总之音乐盒被他拆散后就再没法装回去。他仔细研究音乐盒的所有零部件，然后让身边太监给请钟表匠来修复。身边小太监对他说："宫里没有钟表匠。东华门外万珍斋文玩店的老板张雪岩精通各式钟表维修，宫里的钟表都是他负责维修的。"光绪说："那你就去把张雪岩叫来。"

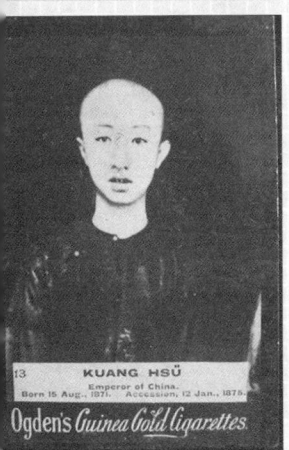

KUANG HSÜ
Emperor of China.
Born 15 Aug., 1871. Accession, 12 Jan., 1875.
Ogden's Guinea Gold Cigarettes.

　　钟表店老板张雪岩随着小太监来到瀛台，见了光绪连忙跪拜。光
绪很和气地对他说："你会装八音琴盒吗？"

　　张雪岩回答："会。"

　　光绪便把拆散的琴盒放在张雪岩面前。

　　张雪岩说："我这就替您装好。"

　　光绪却说："不急，我给你张图，你照着图装。"原来，在小太监出宫请张老板的时候，光绪画了张琴盒的图纸。

张老板接过图纸仔细一看，觉得奇怪，这张图把琴盒里机轮原来的位置和距离都改变了。他对光绪说："陛下，这图纸上的位置和距离都与原样不合，照这样装，恐怕不是原来的调子，会不好听的。"

光绪笑了笑："没关系，你照我画的图装，千万不要改动。装坏了也不怪你。"

张雪岩听后便一丝不苟地按着图纸把琴盒装好。他怀着忐忑的心情上满了发条，当音乐盒播放音乐的那一刻，张老板整个人都目瞪口呆了。原来八音琴盒里传出的已不是外国乐曲，而是地地道道如假包换的昆曲。

原来，光绪皇帝通过研究八音琴盒的内部构造，摸清了琴盒的发音原理。他听腻了外国曲调，便创造性地按照昆曲的曲调重新设计了琴盒内机轮的结构，让一件洋货唱出地道的中国传统乐曲。

从这件小事可以看出光绪虽然在政治上是个"低能儿"，一生都是皇位上的摆设，但他是个很有灵性、艺术气息浓厚的人。据记载，他还能够把一架结构复杂的钟拆卸开又顺利装配起来，钟照样运转自如。只是他不幸投胎皇室，当了皇帝。光绪一生只有短短的 38 年，却有 34 年是皇帝。他死后三年，即公元 1911 年，宣统皇帝宣布退位，清朝灭亡。

张勋复辟，是被一群"大佬"耍了

文／冯学荣

近代史上的事情，黑幕重重，张勋复辟一案，也不例外。张勋这个人在中国近代史上，扮演了一个坏人的角色，可是，笔者从第一手史料中，却读出来一段不一样的真相。

首先要交代一下背景：1917 年初，因为是否参加第一次世界大战的问题，中华民国的总统黎元洪和总理段祺瑞闹出了矛盾，史称"府院之争"。在争端中，总统黎元洪免了段祺瑞的职位。段祺瑞在被免职之后，决心报复总统黎元洪。

这是该事件的重要背景。

好，现在我们来看看苏锡麟的证言。苏锡麟是谁呢？苏锡麟是张勋的心腹猛将，是张勋"定武军"（辫子军）的一员统领。

苏锡麟《我在复辟之役中的亲身经历》一文，收录在《文史资料选辑第 41 辑》，他对张勋复辟一案的证言，是这样的：

为了报复黎元洪，段祺瑞派人劝说张勋派兵入京，驱赶黎元洪。

各省督军也派了许多人，来到张勋的驻防地徐州，包括段祺瑞的心腹徐树铮、冯国璋的代表胡嗣瑗（yuàn）、段祺瑞的代表曾毓隽、

〈 一组老照片，左段祺瑞、
中黎元洪、右张勋

曹锟的代表、张作霖的代表等，会上一致推举张勋出兵入京，推翻黎
元洪，拥戴冯国璋当大总统，并恢复段祺瑞总理之职。

会上，张勋的秘书长万绳栻（shì）提出条件：张勋可以出兵推翻
黎元洪，但是要求扶持前清废帝溥仪复辟。起初，大家没有答应，僵
持良久。

后来，（段祺瑞的心腹）徐树铮、（冯国璋的心腹）胡嗣瑗等人商量：
先假装答应张勋提出的拥戴溥仪复辟的条件，利用张勋入京，等张勋

推翻了黎元洪之后，再另想办法解决张勋。

结果，各省督军代表在一张黄缎子上签名，同意张勋搞复辟。张勋不知是计，上当受骗了，他派兵入京，打倒了黎元洪，并风风火火地搞了一场复辟。

不料，段祺瑞突然在天津马厂誓师，征讨张勋。听到消息之后，张勋恨恨地说："他们推我出来搞复辟，原来是在耍我，我们不能孬了，拼了命也要跟他们干到底，怕什么？到时候我们就把内情抖搂出来，难道是我一个人要复辟的吗？"

于是，张勋叫万绳栻马上把当时大家签了名的黄缎子拿出来，公之于世，让全国人民评理。万绳栻说：黄缎子留在天津，我现在就去取。不料，万绳栻一去不回。原来，黄缎子早就被冯国璋的心腹胡嗣瑗用二十万元的价钱买走了。

紧急关头，王士珍派人找到苏锡麟，要求不要开火，希望牺牲张勋，以免北京人民遭受战火涂炭。苏锡麟说："复辟，是各省督军签名同意的，现在他们反悔，要了张勋，是他们没有信用，现在张勋很危险，张勋是我的长官，我不能见死不救！你回去告诉王士珍，只要讨逆军不开枪，我也决不开枪。而如果张勋的人身安全受到保障，我就更不开枪！"

最终还是开火了。之后，荷兰使馆派车去救张勋，张勋不肯走，荷兰人把张勋强架着走，张勋情急时，还咬了荷兰人一口。

后来，北京市公安局局长吴炳湘陪同苏锡麟去荷兰公使馆看张勋。苏锡麟问张勋："打败仗了。部队怎么办？"张勋说："你看着办吧。"于是，苏锡麟安排辫子军剪掉辫子、换上服装，发放遣散费，解散回乡了。

以上，就是张勋的心腹苏锡麟在事后的证言。

历史当然不能听信一面之词，好，我们再来看看段祺瑞这边人员的证词。

首先看看叶恭绰的证词。叶恭绰是谁呢？叶恭绰是段祺瑞讨逆军总司令部的交通处长，他在《我参加讨伐张勋复辟之回忆》一文中，记述如下：

> 1917年5月下旬，黎元洪下令免了段祺瑞总理的职务，安

徽省长通电独立，继而冀、鲁、豫、陕、奉、浙、闽七省相继响应独立。相当多的政客聚集到徐州，当时相当多的军政人物对张勋说：赞成张勋搞复辟，张勋以为功业有成的机会到了，不料，螳螂捕蝉，黄雀在后。

叶恭绰的证言也旁证了各省督军和政客假装同意张勋复辟，欺骗玩弄张勋的事实。

我再举第二个证人，这个证人也是段祺瑞的人，名叫曾毓隽，是段祺瑞的心腹。曾毓隽在《忆语随笔》一文中说：

段祺瑞曾经说过："张勋带兵入京打倒黎元洪，是上了我们的当了。"徐树铮也说过："张勋是复辟脑袋，先让他干，我们才有机会（倒黎执政）。

显然，曾毓隽的证言，也旁证了张勋上当受骗的事实。

梳理以上正反两方人员互相吻合的证人证言，笔者理清了张勋复辟一案的关键真相如下：

1. 总统黎元洪开除段祺瑞，段祺瑞怀恨在心，伺机报复；

2. 段祺瑞联合冯国璋、曹锟、张作霖等主要军事力量，劝说张勋出兵入京，推翻黎元洪；

3. 张勋摆出条件：推翻黎元洪可以，但是希望让清帝复辟；

4. 上述各主要军事力量假装同意，签名赞成了张勋的复辟建议，引诱张勋出兵；

5. 张勋不知是计，上当受骗，出兵推翻黎元洪，搞了复辟；

6. 各省代表同意复辟的签名记录，很快被收买、销毁；

7. 利用完张勋之后，段祺瑞突然发兵讨逆，打败了张勋。兔死狗烹，张勋身败名裂。

综上所述，在段祺瑞和黎元洪的政治斗争当中，由段祺瑞的心腹徐树铮牵头，利用了忠勇有余、智谋不足的张勋，假装同意他搞复辟，引诱他出兵入京，推翻黎元洪，事后又销毁各省同意复辟的签名录，翻脸发兵打倒了张勋，并让张勋这个傻子，背了将近一百年的黑锅。

这就是真相，这就是政治。

张作霖忘词

文/冯玄一

　　演讲的时候，很多人都会忘词。特别是首次站在台子上的人，本来稿子背得烂熟，但是一上台子，看着台下齐刷刷的目光，一下子就忘记了该说什么。有过演讲经历的人都清楚，忘词那一刻，好不尴尬。

　　我听人讲过一个真实的笑话。一村委会书记，文化水平不高，认识的字不多。村上有影响力的老书记去世了，开追悼会。书记要讲两句。事先文书给写好稿子，最后一句是"大家默哀三分钟"。不料，他忘了"默哀"两个字，怎么也想不起来。也算是急中生智吧，他说："现在，大家难过三分钟"。这事成了个笑话被传开了，大家私底下叫他"难过书记"。

忘词是件尴尬事，必须避免。但有些人情商很高，他能通过自己的机智把一件原本尴尬的事情巧妙地化解掉，不但不会损害形象，反而为他的形象加分，让人觉得他是幽默、亲切、和蔼的人。

大军阀张作霖就是这样一位文化素质不高但情商很高的人。

有一年，东北讲武堂的领导邀请张作霖去给毕业生演讲，张作霖很高兴，欣然前往。他没有演讲经验，去之前让秘书写了篇演讲稿。不料一登台，乍一看台下黑压压全是人，鸦雀无声地望着他，张大帅居然紧张起来，事先背熟的稿子全忘记了。僵持半晌后，张作霖突然破口大骂，说："他娘的，我原来背得很熟，但是看见你们，一高兴，竟然全都忘记了。"台子下的学生哈哈一笑，紧张的气氛立刻缓和了。

︿ 左起依次为：梁鸿志、冯玉祥、张作霖、段祺瑞、卢永祥、杨宇霆、张树元，站立者为吴光新

1. 张作霖戎装照
2. 1916 年, 奉天都督兼省长张作霖
3 张作霖及其顾问赵欣伯

这时, 张作霖微笑着走下台, 绕着毕业生走了一圈, 不断问学生的名字, 还拍拍他们的肩膀, 大声说: "好小子。"

绕弯一圈, 他重新站到讲台上, 提高嗓门说: "我看到大家太高兴, 很多要说的话偏想不起来。你们都是好小子, 好小子就要好好干! 你们毕了业, 可以当排长, 只要好好干, 就可以升连长、营长, 将来还可以去当团长。只要你们不贪生怕死、肯努力, 想要什么就有什么,

	2			
1	3	4	5	

4.着洪宪帝制朝服的张作霖
5.1927年6月18日,52岁的张作霖就任"中华民国军政府"陆海军大元帅

想要什么我都可以给。但只有一样例外，我老婆不能给你们。"

　　他一说完，学生中间爆发出哄然大笑，接着是雷鸣般掌声。原本暴露自己没文化这一弱点的事情，经他这么一说，弱点没了，反倒让这些学生觉得张大帅直爽、豪迈，值得信任。

文／陈郢客

徐志摩的朋友圈都是有钱人

《爱眉小札》年少读，只当是热辣情书；后来才懂得，这是那个时代中国名流朋友圈极好的见证。

"浪漫诗人"、"情圣"，这样的形象太简单平面化了——然而，这却是大多数人对于徐志摩的认知。《人间四月天》种种热闹，近年犹热，这解读也是奉献给少女或主妇的，大家艳羡惊叹一声，哇塞，好家世，好传奇！不过如此。家世是理解徐志摩及其朋友圈的关键，可惜少人用心下笔。另外，"钱"这个俗物，也是阅读"雅士"的关键，不可不察。否则只顾咋舌，终沦于雾里看花。

1.1924 年 4 月泰戈尔访华留影。右一徐志摩、右二林徽因、右三泰戈尔、左一梁思成、左三林长民
2.梁思成与林徽因

徐志摩的家世，和梁、林尚有差距

徐志摩，浙江海宁人士。家里是做生意的，做得还颇为不小。祖上经营徐裕丰酱园，到父亲这代，扩展实业，有钱庄、发电厂、电话公司、丝厂、布厂、服装公司，还投资修建过沪杭铁路——实力"乡绅"，当之无愧。

徐志摩、张幼仪的婚姻是因张幼仪兄长张公权【张嘉璈（áo），1928 年任中国银行总裁，有"金融巨子"的声名】，任浙江都督府秘书时视察杭府中学，很欣赏一位学生的作文，又发现这是硖（xiá）石商会会长徐申如的独子，便上门求亲。张家是非凡的"官绅"人家，张幼仪二哥张君劢（mài）可是自创一党的民国政治家（国家社会党），其余诸位兄弟亦多是实业老板，就连八弟张禹九，也是新月派创始人之一，兼新月书店老板，蒙他之助，梁实秋才能编辑《青光》副刊的。

仔细看的话，就知道徐志摩和梁思成、林徽因的家世尚有差距。林徽因祖父是翰林，父亲林长民曾任民国司法总长；梁启超则是国家级名士，亦曾任司法总长——这两位可都是政界以及民国史中的重要人物，梁、林联姻顺理成章。林何止出于"明智"要嫁给梁，但凡没有百分百的反抗精神，都是要嫁给梁的。而徐之于林，够这个分量吗？不言而喻。当然，徐这样的家世，中产子弟梁实秋尚要仰望，"他的友朋大部分是一时俊彦，……他给梁任公先生做门生，与胡适之先生为腻友，为泰戈尔做通译，一个纨绔子能做得到么？"

背景深厚的朋友圈

在徐志摩的这个文坛名流的朋友圈里，胡适、梁实秋、林徽因（丈夫梁思成）、凌淑华（丈夫陈源教授，即和鲁迅展开过骂战的陈西滢）、冰心（谢婉莹，丈夫是社会学教授吴文藻）……都是圈子里的人物。徐、林、凌、谢出身名门，亦留学欧美；陈源、梁实秋亦是留美出身而做教授。徐交游广阔，与邵洵美亦是世交。在北平、上海，徐志摩均有场子。这个圈子不光涉足教育界、文坛，亦有一番入世抱负。《现代评论》1卷2期发表了一篇题为《我们所要的一个善后会议》的文章，说在当前中国政治上有三大势力：军阀，有兵权；政治家，有政治势力；尤其不可忽视的是，"在社会具有一种精神的势力，而常为一切政治运动、社会运动的指导者之智识阶级",因此,善后会议必须有"智识阶级的领袖"参加,这些"物望所归之中坚人物"将以其"政治上之实力与人格上之权威"在中国政治中发挥指导作用。其自许之意,流于笔墨。

民国有些文章,乐于强调鲁迅势力强大。其实鲁迅,牛人自活,且能活人而已。谁都可以向他开炮,哪里有什么深厚背景?鲁迅《我和<语丝>的始终》一文中提到:因《语丝》是同仁刊物,"对于广告的选择是极严",李小峰出于盈利目的,"办《北新半月刊》",以方便登载广告。直到移至上海,方完全放开。他能拿到的不过是"袜厂"甚至"立愈遗精药品"的广告。这固然有伤脸面,然而说明鲁迅的圈子绝非有背景之人。而"'正人君子'们所办的《现代评论》上",却"有金城银行的长期广告",谁更有背景,一目了然。

朋友圈都是有钱人

徐志摩是"新月"的灵魂人物,有钱,性情温和厚道,热情爽朗,交游广阔。在天津停泊,就去张伯苓处,与蔡元培、罗家伦、蒋梦麟

> 右三陈衡哲,右四胡适,
右七林徽因

1.（自左至右）徐志摩、
朱经农、曹诚英、胡适、
汪精卫、陶行知、马君武、
Eloise Ellery（瓦萨学院
的历史教授，陈衡哲的老
师）、陈衡哲，1932年摄
于杭州。此照片为瓦萨学
院图书馆（Courtesy of
Special Collections,
Vassar College Library）
所藏
2.陆小曼

等学界大佬亦颇熟。因汤尔和的关系能搭乘张学良的福特机，他后来亦死于免费航空券。他心情一郁闷，就会出国散心。北京饭局间，有梅兰芳、程砚秋、余叔岩等京剧名家，亦有刘海粟、江小鹣等美术人士，更有银行界、知识界、政界人士。

徐的朋友王文伯是银行界人士，又入政治圈。《爱眉小札》"一九二六年二月六日自天津"的信中说，"文伯的新车子漂亮极了，在北方我所见的顶有 taste 的一辆；内外都是暗蓝色，里面是顶厚的蓝绒，窗靠是真柚木，你一定欢喜。只可惜摩不是银行家，眉眉没有福享。"

1928 年，徐志摩带着家人交付的古董去美国推销，王文伯亦因事陪同。徐家古董生意也做，王文伯此次出洋，亦不寻常。《爱眉小札》中记载："文伯带来一箱女衣，你说是谁的？陈洁如你知道吗？蒋介石的太太，她和张静江的三小姐在纽约，我打开她箱子来看了，什么尺呀，粉线袋，百代公司唱词本儿、香水、衣服，什么都有。等到纽约见了她，再作详细报告。"

像徐志摩这样"不懂经济"（自述）的少爷，身边极需要这样"聪敏而有决断"的朋友。徐志摩的朋友圈里净是权贵，且各有来处，互有借重。比如，"新月书店"发起人中，徐新六（即徐振飞）的背景亦官亦商亦学，曾在财政部公债司任佥事，并任教于北京大学经济系。1917 年后任财政部秘书、中国银行金库监事、汉冶萍煤铁厂矿公司总会计、中国银行北京分行协理。1919 年任巴黎和会赔款委员会中的中国代表。1920 年回国，任职于新通公司，又协理梁启超筹设中比公司。1921 年任浙江兴业银行董事会秘书，不久为总办事处书记长。1923

年为浙江兴业银行副总经理，1925年升任常务董事兼总经理。

张歆海，由清华而至哈佛。1921年任华盛顿会议中国代表团随员，后任北京大学英文系主任。1925年任北京政府关税特别会议顾问。1928年6月，任国民政府外交部参事，国立中央大学文学院院长。1932年1月，任外交部欧美司司长。

宋春舫（fǎng），书香门第，家资殷实，留学欧洲，曾任北京大学法文学教授。1927年至青岛，在蔡元培等支持下建立青岛水族馆，兼任青岛观象台图书馆馆长，建私人藏书楼——褐木庐戏剧图书馆，时称"世界三大戏剧专业藏书家"之一。另创一处万国疗养院，胡适组织人员翻译《莎士比亚全集》，便住在这里。

胡适的这个项目，由中华教育文化基金相助。中华教育文化基金为中美两国共同成立的管理"庚子赔款"的机关，胡适为该董事会董事之一。钱用于何处，胡适是颇有决定权的——翻译《莎士比亚》全集确是盛事，不过请的人都是小圈子里的，亦可足见。

屌丝朋友郁达夫

郁达夫，东京帝大经济学出身，毕业回国，求职不果，在上海搞文学创作兼办刊物，经济非常窘迫。1921年得郭沫若和泰东书局老板赵南生的介绍，到安庆的"专门法政学校"当"英文教习"。《沉沦》出版后，郁达夫固然有了声名，然而，生活拮据照旧。1923年，郁达夫好不容易通过东京帝大的学长陈豹隐推荐，得任北京大学经济学讲

> "北平潮人"胡适(右二)
> 与友人的合影

师。每周两小时讲统计学，职称不过讲师，月薪三十余元。那时小学老师亦有二十多块，教授上百元或数百元。1918 年毛公当图书管理员，月薪 8 元。再计通货膨胀，大家对郁达夫的薪水也就有定位了。由于薪资养家不足，郁达夫还在北平平民大学和国立艺术专门学校兼课。郁达夫在北平最大的收获就是结识了周氏兄弟及一些文学青年。而文学青年更不富裕，还有找他借钱的。

1924 年 11 月，郁讲师收到一封文学青年的求助信，第二天郁达夫便去旅馆看望。时已入冬，冰冷的房屋里，这位年轻人尚无棉衣，哆哆嗦嗦仍在写作。他脱下自己的棉衣，赠予这位青年，并带他下馆子吃饭。餐费 1 元 7 角，郁达夫拿出 5 元，剩下的 3 元 3 角赠予这位青年。这位青年就是日后大名鼎鼎的沈从文。他和郁达夫如是初见，沈从文日后追忆，不无感激。

人生何处不相逢，郁讲师在石虎胡同七号松坡图书馆总部遇见了他的中学同学徐志摩。松坡图书馆馆长是梁启超，徐志摩正在帮老师处理英文信件。郁达夫认出了旧日同窗，徐少爷的中学同窗中，像郁达夫这样能跃入他的视界之内且圈子有所叠合的，必是少数之少数。

徐志摩的圈子、资源是郁达夫望尘莫及的。青年人欲出头，要么得贵人相助，要么就得搏出自己的一片空间。1919 年郁达夫曾写信给胡适，但因名不见经传，胡适不曾理睬。

因徐同学居间润滑，郁达夫在北平和胡适成为"朋友"，不过并不亲密。徐志摩 1924 年能得北大英文系教授职，与胡颇有关系。而 1929 年，胡适任中国公学校长，他请沈从文去教文学课与写作，直接使一个无学历的无业游民跃入中产阶级，亦成全了他的婚姻。郁达夫尽管才华、学历俱在，胡适却显无伸手相助之意。也许是因为 1921 年 8 月郁达夫在《创造》上刊登的一篇文章，影射攻击胡适，最后双方虽握手言和，但那桩梁子，胡适大抵是理解但不会忘记的。

潜伏在日军心脏的日籍红色间谍

中西功

文／萨苏

秘密战是最复杂的斗争，国家之间尚未开战，秘密战争早已交手。

1901年，八国联军入侵中国的第二年，日本在中国上海开设东亚同文书院，招收日本优秀青年到中国官费留学，实际是个间谍学校。

而中共在1925年就在这个日本间谍学校建立了中共秘密党支部。1929年，中央特科王学文到同文书院任教，发展了一批日籍学生加入共青团，组建"日支斗争同盟"。

1937年中日全面战争爆发，上海同文书院的毕业生纷纷进入日本特务机关高层。这些中共早年培养的日本关系，也就成为双重间谍。他们中间的一位传奇人物，就是曾任日本驻华派遣军司令部顾问、日本满铁驻沪办事处调查室主任的中西功。

在日本间谍学校加入共青团

中西功，1910 年出生于日本三重县一户贫苦人家。幼年的中西功学习勤奋，1929 年以优异的成绩获得官费留学资格，前往中国上海，进入东亚同文书院读书。

东亚同文书院，是近卫家族在中国开办的文化交流机构，同时，也是日本针对中国的老牌间谍培训基地。中西功就读之时，校长就是后来的日本首相近卫文麿（mǒ）。

东亚同文书院在日本特工组织中，相当于黄埔军校在民国时代军界的地位。其毕业生凭借严格的训练和已经在日本各特工机构中占有优越地位的同窗学长协助提拔，往往可以找到飞黄腾达的道路。中西功和西里龙夫都是东亚同文书院的高材生，这给了他们在日本特工机关如鱼得水般发展以有利条件。

在这里，他接触到了以记者身份为掩护的共产国际远东情报局成员尾崎秀实，并通过在学院教书的中共秘密党员、著名经济学家王学文，与西里龙夫一起加入了中国共产主义青年团。中西功还担任了同文书院团支部的组织委员。

在校期间，中西功曾参加向到沪日本海军学员散发反战传单，以及抵制 1932 年日军进攻上海的行动。由于当时斗争经验不够丰富，他们的行动被同文书院中秘密活动的特高课特务福田信一（1937 年晋升大尉，被军统暗藏在同文书院的女间谍安占江、吴仪梅引诱到南市活捉）侦破，他和西里龙夫并曾因此被捕，后因无实据而释放，随全体学生返回日本。这次被捕大大增加了中西功的对敌经验，同时也种下了他十年后不幸暴露的隐患。

敌人心脏里的"红色特工小组"

1934 年，西里龙夫返回上海，任日本新闻联合通讯社上海总局记者。同年，中西功经尾崎秀实介绍进入东北满铁调查部工作。满铁，即南满洲铁道公司，是日本殖民东北的急先锋，相当于日本的"东印度公司"，满铁调查部是日本在中国最重要的间谍机关之一。因为中西功工作能力强，提供了被认为极有价值的一系列描述中国内部情况的分析文件，1938 年被提升为满铁上海办事处调查室主任，并兼任日本支那派遣军特别嘱托（顾问），日本"中国抗战力量调查委员会"上海负责人。

同年，中西功在王学文的介绍下加入中国共产党，与已经担任日本同盟社首席记者、日本中支派遣军司令部奏任级嘱托（顾问）的西里龙夫，在北平的日军北支派遣军司令部情报科长尾崎庄太郎（同文书院毕业生），太原的"商人"白井行幸共同构成了一个红色间谍网。中西功在上海借"满铁"名义建立的"特别调查班"，包含了大量中共情报人员，是这个网络的核心机关。

由此可见，以中西功、西里龙夫为核心的红色特工小组，一开始就有清晰的中共烙印。他们都属于中国共产党日籍党员，向"红色小开"潘汉年负责，在中共上海情报科吴纪光领导下负责对日战略情报侦察。以中西功为首的这一小组和以佐尔格、尾崎秀雄为首的共产国际对日战略情报组织是战斗在日军内部的两颗不定时炸弹，随时向延安和莫斯科传递着日本方面的核心情报。

值得一提的是，王学文不仅发展了中西功和西里龙夫两个对日情报战的王牌间谍，还发展了另一个潜伏在国民党政权心脏内的重要红色特工，这就是曾打入蒋介石身边担任速记员的沈安娜。从这个角度说，这位中西功的导师也可称是"谍中教父"了。

以中西功为首的小组在敌人心脏里活动了三年半之久，向延安提供了大量侵华日军、汪伪、日蒋之间活动的战略情报。据八路军总部作战参谋杨迪回忆，当时日军的重要军事、政治行动，未经发起，我方均能提前得到可靠情报。

侦获日本袭击珍珠港超级战略情报

中西功的红色特工生涯，可谓智勇双全。1941 年 10 月，在佐尔格小组在东京被破获的严酷情况下，为了完成确认日军战略进攻方向的重大任务，已经得到报警的中西功毅然从上海乘船返回日本。由于尾崎秀实被捕的消息还被封锁，他首先向尾崎家打了一个电话，希望证明他的安危并希望担任原首相近卫秘书的尾崎给他提供需要的情报。

接电话的不是尾崎，中西功在电话中巧妙地与对方周旋，最后挂断了电话，在试探另一名地下工作者浜津良胜时，也同样碰壁，证实了他们已被警视厅逮捕的消息。在这种情况下，中西功依然没有放弃，他来到了军部报道部，本来想找与他熟悉的报道部记者武藤癸二了解情况，却没有找到。迫不得已，中西功使用了最初级的间谍手法，坐在记者中听他们高谈阔论，相互交流采访成果，结果收获颇丰，得知日军参加"关特演"演习的部队已经南下到小笠原群岛，武藤就是到台湾去采访前线部队的。这显然说明日军即将南进进攻南洋，而不是北上进攻苏联。

"关特演"是日本陆军 1941 年 7 月在大连举行的大规模军事演习，普遍被认为是针对苏联开展的前奏。然而，受尾崎秀实委托到大连观看演习的中西功，却凭借同文书院的间谍训练看出了一些异样的端倪——"关特演"的核心，是在大连进行的滩头登陆演习。进攻苏联，需要演习滩头登陆吗？这个疑问让中西功做出了日军这次大演习可能只是幌子，其战略意图并不明朗的判断。

然而，仅仅判断出日军即将南下仍不够，中西功在东京极力奔走，试图找到更加可靠的证据，甚至确定日军开战的时间。

不过，由于日本全国当时一片狂热的军国主义气氛，民间所谓"防谍"意识十分强烈，以至于中西功在各方面的信息搜集工作还远不如从那些记者的大嘴巴里掏出来的多。

正在焦急时刻，幸运的事情发生了——中西功在回旅馆的路上意外遇到了那个去了台湾的记者武藤癸二，才知道他已经回到东京。中西功见到武藤，立即开门见山地问："台湾怎么样，要进攻了吗？"武藤开始感到意外，随后想起对方原是"满铁"的大特务头子，于是放下戒心，说了自己在前方采访的情况，包括海军舰艇已经在濑户内海集结，日军内部对日美谈判没有信心，谈判的截止日期是11月30日等。

得到这些情报的中西功如获至宝，迅速返回上海，核对满铁内部机要文献《编内参考》《帝国作战纲要》等，并综合西里龙夫的情报后得出结论，向延安通报——日军即将南进，日美谈判将于11月30日截止，不再拖延，而结合日本海军舰艇航行时间，日军发起南进作战的时间将为12月8日（即美国时间12月7日，珍珠港事变的日子）。

这一情报被延安迅速转往莫斯科，并在潘汉年的授意下通过军统在上海的秘密机关"21号"程克祥、彭寿两名特工转重庆，发给美国大使詹森。

从中西功提供判断日军南进、珍珠港事变发生时间情报的过程，可以看出其胆大心细的工作特点。

———"任何一份情报的价值都超过自己的生命"———

不过，如果仔细分析，就会发现中西功性格中，与其说他是一名"智者"，更应该说他是一名"勇者"。在佐尔格被捕后，他的情报组曾用最后的努力向中西功发出了警报——中西功收到一封来自日本的电报，内容是"向西去"，落款为他自己曾用过的笔名"白川次郎"。这显然是提醒他东京已经发生了可能导致他暴露的问题，中西功需要立即向中共的根据地撤离。然而，此时苏德战场正经历着极为残酷的较量—— 9 月 18 日，德军突进到距离莫斯科 40 公里处，并歼灭苏军66 万多人，苏联政府机构开始撤离莫斯科。

尽管佐尔格被捕前曾发出了日军即将南进的情报，但对苏德战争爆发产生过错误判断的苏联统帅部再也不敢完全依靠来自单一途径的情报。此时，苏联方面急需了解日军确切动向，以决定是否能从远东抽调部队参加莫斯科保卫战。为此，潘汉年不得不与中西功商量，让其冒险执行这一任务。

中西功没有任何怨言，冷静地接受了任务。他后来回忆自己当时的举动，是因为他在满铁内部建立的情报网正在黄金运转时期，存在的每一天都能够向延安提供大量有价值的情报，如果自己转移，整个情报网就必须立即撤毁，这意味着多年心血化为灰烬。因此，中西功的意见是自己不走，尽可能一面完成任务，一面拖延情报网覆灭的时间，为组织提供更多的情报。中西功认为在美国参战之后，反法西斯战争正处在重要的转折阶段，此时任何一份情报的价值都超过自己的生命。

实际上，这不仅意味着中西功必须留下来坚守岗位，也要求他小组中的数十名情报员无人离开，无人叛变，否则任何一人的离去，都会引发整个系统的崩溃。然而，留下来，就意味着特高课已经伸出的魔爪随时会落在自己头上。

已经得到警报却不能撤退，这对任何地下工作人员来说都是难以忍受的折磨。但，中西功和他的战友们，无论是日本人西里龙夫、尾崎庄太郎，还是中国人李得森、程和光（中西功的单线联络员，被捕时跳楼自尽）都一直坚持工作到被捕的最后一刻。

1941年10月尾崎秀实被捕后，已经供出了在同文书院曾经组织过马克思主义小组，假如日本特高课根据这一线索追查，几乎可以立刻找到中西功和西里龙夫当初被捕的记录（后来正是这个记录证实了中西功的嫌疑）。但由于中西功利用自己在满铁中的关系给特高课的调查设置了种种障碍，也由于佐尔格的刻意掩护，中西功小组直到1942年6月才被破获。

从得到警报开始，他们足足坚持了八个月的时间。在被捕的前一天，西里龙夫还发出了日军进攻中途岛的绝密情报。中西功说："我们是个整体，整体是第一位的，个人是第二位的。"以组织的利益而不是自己的生命来衡量行动方案，他们的理想主义不得不令人感到钦佩。

中西功被捕后，曾遭受酷刑，但始终坚持自己的信仰，反而成为法官和警察佩服的对象，并以能听他和西里龙夫在审讯中的发言为幸。但他仍在1943年被判处死刑。

不过，死刑没有执行，据说是中西功在被判刑的同时开始写《中国共产党党史》，其翔实和严格的逻辑分析让特高课十分感兴趣，于是准备让他写完了再行处决。

中西功越写越多，并提出要同被判死刑的西里龙夫协作，两人写到 1945 年 8 月 15 日，书还没有写完。因为发现自己上了当，恼羞成怒的狱方和官方在日本投降后仍蛮横地判处他无期徒刑，然而中西功很快就被作为政治犯释放。出狱后的中西功一度成为日本共产党的理论权威，但因他不愿与战后日趋现实主义的日本共产党高层打交道，中西功 1950 年曾被开除党籍五年之久。

采访原日共党员稻川时，他认为中西功是个爱国者。原因是尽管他与法西斯政府作对，但他在传出日军进攻日期为 1942 年 12 月 7 日后，美国方面坐等日军来袭，不做战斗准备令他十分恼火，竟至于对妻子和女儿大打出手。原因呢？中西功在日本法庭上描述，他希望自己送去的情报，能让美国加强戒备，避免和日本陷入全面战争，保护日本民族的总体利益。"中西功是想唤醒这个民族，看来，他才是真正的爱国者呢。"

> 20 世纪 30 年代，林徽因、梁思成、费正清、费慰梅。费慰梅在相册下方的标记：An early riser, 早起的人（指费正清）；A less early riser, 不怎么早起的人（指自己）；Two even less early risers, 两个更不怎么早起的人（指梁林夫妇）

1.1920 年，在欧洲喂鸽子的少女林徽因
2.20 世纪 30 年代的林徽因
3.1920 年，林徽因于英国伦敦公园
4.1920 年，父亲林长民赴欧洲考察，林徽因陪同，在伦敦合影
5.1920 年，在罗马圣马可广场

在学宫里娟娟的飞舞

认明了那清幽的住处

等着她来花园里探望

飞扬　飞扬　飞扬

啊

她身上有朱砂梅的清香

『雪花的快乐』徐志摩

人间的季候永远不断在转变

春时你留下多处残红，翩然辞别，

本不想回来时同谁叹息秋天！

——林徽因《时间》

∧ 1920 年,在去伦敦的海轮上

∧ 1928 年,梁林从美国
去往欧洲的船上

∧ 1924 年 4 月印度诗人泰戈尔访问北京时,同他的两名翻译徐志摩(右)、林徽因(左)合影

1 2

3

1.1925年，冰心与林徽因在美国绮色佳风景区野炊

2.1926年，林徽因、梁思成与陈植（后左）等在美国宾夕法尼亚大学

3.1929年，林徽因母亲何雪媛和梁思成一家

我说你是人间的四月天？

笑响点亮了四面风？轻灵

在春的光艳中交舞着变。

——林徽因《你是人间四月天》

∧ 1932 年 8 月，林徽因怀抱儿子梁从诫在北总布胡同三号家中

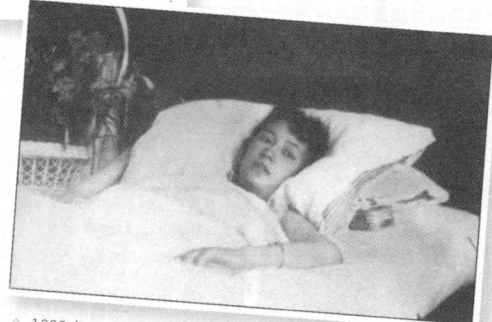

∧ 1932 年，儿子梁从诫出生后躺在病床上的林徽因

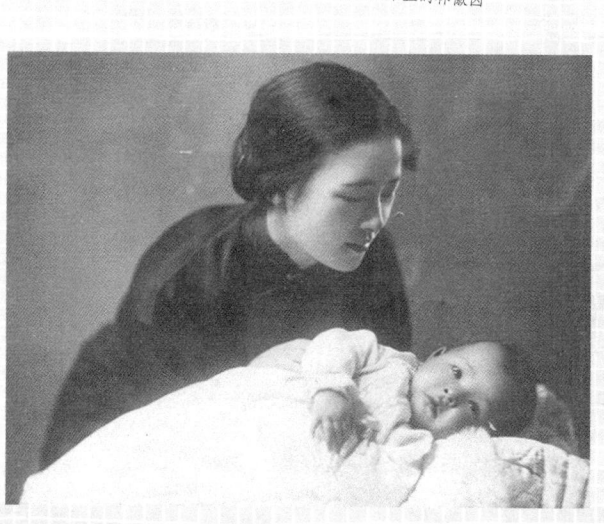

		4
	2	5
1	3	

1.1929 年,沈阳,怀抱 27 天的女儿再冰

2.1935 年,林徽因在北总布胡同三号家中

3.1935 年,梁家和费家在天坛时游玩时的照片

4.1934 年,林徽因与费正清夫妇在山西考察

5.1935 年于北京天坛,左起分别是金岳霖、梁再冰、林徽因、费慰梅姐妹、费正清

无论哪一个巍峨的古城楼，或一角倾颓的殿基的灵魂里，无形中都在诉说乃至歌唱时间上漫不可信的变迁。

——梁思成、林徽因《平郊建筑杂录》

∧ 1936 年，林徽因测绘山东滋阳（今济宁市兖州区）兴隆寺塔

〉1938 年，昆明巡津街 9 号，左起：金岳霖、王一黹夫人、空军军官黄栋叔、林徽因（跪姿）、联大学生何梅生及同学，前俯地男孩为汪同、梁从诫

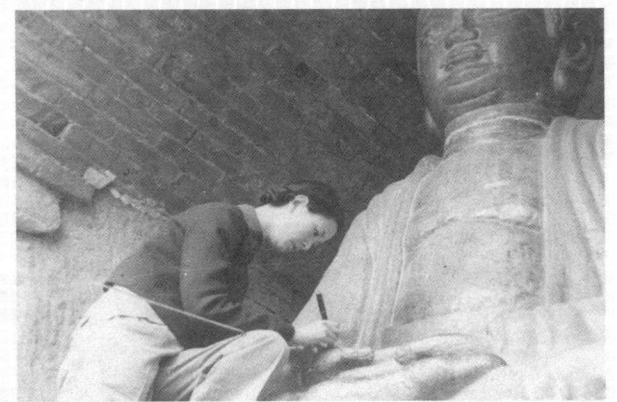

| 1 |
| 2 |
| 3 |

1.1936 年,在陕西耀县调查古建筑,药王庙测绘佛像

2.1938 年 8 月,西南联大多位教授在昆明西山华亭寺合影,左起周培源、梁思成、陈岱孙、林徽因、金岳霖、吴有训

3.1939 年,林徽因与儿女在昆明郊外

从没有人说过八月什么话,
夏天过去了,也不到秋天。
但我望着田垄,土墙上的瓜,
仍不明白生活同梦怎样的连牵。

——林徽因《八月的忧愁》

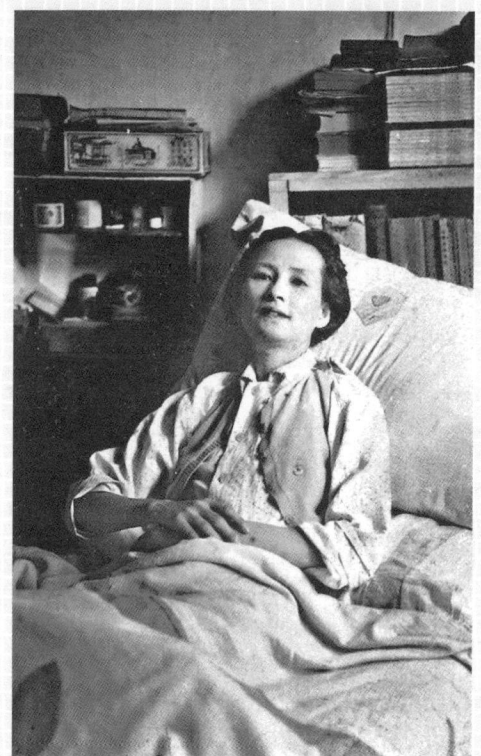

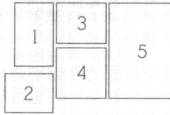

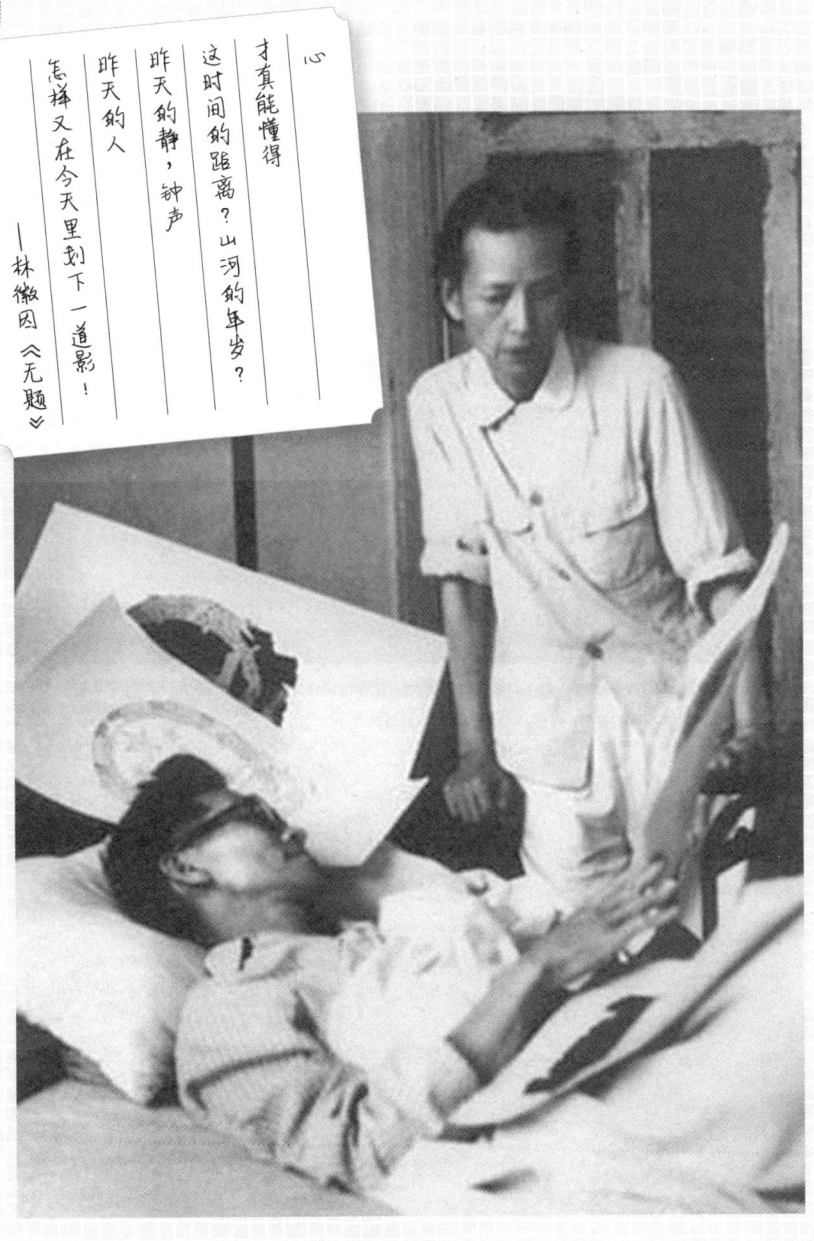

心

才真能懂得
这时间的距离？山河的年岁？
昨天的静，钟声
昨天的人
怎样又在今天里刻下一道影！

——林徽因《无题》

1.1941年，林徽因病倒在四川李庄
2.1949年春，林徽因夫妇送女儿再冰参加南下工作团。图为林徽因夫妇与女儿梁再冰
3.1947年，进行肾脏手术，术后身体愈加虚弱。与女儿在颐和园
4.1942年在病榻上林徽因（中）与梁思成（右一）、梁从诫、梁再冰等合影
5.1950年，林徽因与病中的梁思成商讨国徽图案

历史老师没告诉你的

文／波芒特·张

你能称蒙昧和愚蠢的义和团为爱国？

义和团是个什么组织？

随着鸦片战争后教禁的解除，越来越多的传教士涌入中国传教。他们在普及现代科学知识和推动教会发展的同时，也激化了与当地农民的矛盾。由于教会享有的种种政治特权，不少品行不良分子仗势为非作歹。在文化冲突与民族矛盾激荡的背景下，义和团这股反洋教势力应运而生。

比义和拳还早的时候，义和拳叫作神打，是山东省地区农民组织的带有原始宗教色彩又兼有体育锻炼性质的松散社会组织。后来，被山东巡抚毓贤利用，恐吓那些同基督教传教士有来往或者信奉了基督教的农民，威逼他们退出教会。

1.图为1910年左右，一位传教士在给河南某地的几个孩子讲课
2.西方传教士一家在山西教会驻地的合影。其男主角在1900被义和团击杀

　　清廷曾派遣袁世凯入鲁剿灭义和团，因为袁世凯的弹压，义和团转移到涿州，顺天府一带，并且有零星小股拳民进入京师。

　　由于之前百日维新之时被列强威胁，所以慈禧太后在该时期排外情绪高涨。在听信了毓贤的吹嘘后，慈禧居然相信了义和拳拳民可以刀枪不入，撒豆成兵，转而决定使用义和团作为对抗列强的主要力量，一些无知愚昧的皇亲进行了上通下达的沟通后，拳民放弃了之前含混的反清的口号，转而提出"扶清灭洋"，由此，慈禧太后允许拳民进京勤王并且下令清军给予帮助。

在得到太后懿旨之后，义和团拳民进入京师大肆屠杀外国人和中国基督徒，烧教堂，拆电线，毁铁路，攻击一切使用进口商品的人，称他们为"二鬼子"，只要看到进口物品就杀死使用者。京城治安崩溃，百姓出现逃离的现象，民间称为"拳灾"。

列强与清政府的矛盾为何被激化？

义和团民进攻天津租界，各国公使要求取缔义和团保障外交人员

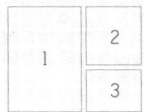

1. 骑马者在 1900 年被义和团击杀
2. 清官员提审拳民
3. 连州教案中派遣的中美 11 人联合调查团

> 广州沙面，站在英格兰桥头铁栅门前围观洋人的民众

人身安全以及租界安全，未获清政府反应。另一边，慈禧太后密令聂士成率部支援义和团拳民攻击外国人的行动。

　　1900 年 5 月 31 日，在北京东交民巷使馆区的各国外交人员向清政府提交了正式照会，要求清政府保护各国外交人员安全。同时鉴于当时华北各地发生的对外国人屠杀的行为，各国外交人员向本国提出武装保卫的要求。英俄法美意日六国从天津派出海军陆战队 349 人登陆，乘坐火车前往东交民巷，开始构筑工事准备应对有可能的暴乱袭击。6 月 3 日，德奥增援 83 人，6 月 10 日，北京使馆区对外通讯被切断。各国驻天津的外交官和海军将领召开了联席会议，决定由英国皇家海军将领西摩尔前往北京支援。同时，英国驻华全权公使窦娜乐负责指挥使馆区内的武装。当时使馆区内有外国成年男性 400 人、女性 167 人、

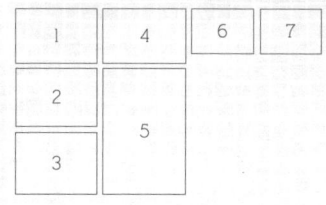

1		4		6		7
2			5			
3						

1. 八国联军时期西方的宣传漫画明信片。中国龙闭关自守招来八国联军，小日本打先锋。该明信片 1900 年在德国国内邮寄
2. 德皇威廉 2 世为德军中国远征军践行（1900 年 7 月）
3. 日军插画：11 联队佐佐木身先士卒图
4、5. 义和团民
6. 被抓获义和团团民
7. 清末的一位虔诚的基督教徒在更衣焚香后，端坐在书桌旁抄录福音书，墙上贴的是用上海话写的《圣经》中的章节

儿童 76 人，还有 2000 名进入使馆区寻求保护的中国人。当时使馆区拥有各国水兵以及海军陆战队 409 人。装备除了步枪外，还有 4 门小口径火炮和 3 挺机关枪。水源、食物充足。

6 月 11 日，日本驻华使馆书记官衫山彬被刚刚调防入京的清军杀害，剖腹挖心。西摩尔率领联军 2000 人沿铁路向北京进发，途中遭到了义和团的武装埋伏，在廊坊和杨村之间包围了联军，数千名义和团成员和两千名清军（聂士成部武卫前军）向联军发起进攻，联军死伤 400 人，但数千义和团成员伤亡惨重，清军伤亡不明。

6 月 15 日军机处传旨，令两广总督李鸿章、山东巡抚袁世凯进京勤王，但是两人均未赴任。

6 月 16 日，天津租界对外通讯中断，联军决定攻占大沽口炮台以

1. 天安门前日俄军官合影
2. 中国百姓扶梯帮助八国联军攻入紫禁城

备不测。聂士成率部抵抗。

6月17日，大沽口炮台被占领。

6月20日，德国公使柯林德前往总理衙门要求保护，被神虎营士兵射杀，成为开战导火索。

震古烁今的十一国大宣战

6月21日，慈禧太后以光绪帝的名义下诏，对英美法意俄德日奥西比荷十一国宣战。同时还悬赏捕杀洋人：杀洋人赏银50两，洋妇40两，洋孩30两。义和团及清军开始围攻使馆区。

京津地区上演的大乱斗

作为正规军将领的聂士成对于破坏社会治安、滥杀无辜的义和团成员非常敌视，一向主张镇压义和团，而他所率的武卫军也常遭遇义和团袭击。聂士成曾上书朝廷：拳匪害民，必贻祸国家，某为直隶提督，境内有匪不能剿，如职任何？若以剿匪受大戮，必不敢辞。聂曾

3

4

1.美军列队
2.英属印度士兵在天坛

在1900年5月的一次维护治安的行动中枪毙了近600名义和团成员。聂于是被支持义和团的端王所恨。

　　在廊坊与西摩尔率领的联军援军的伏击战中，聂士成驱使义和团成员为前锋。联军拥有机关枪，义和团使用冷兵器伤亡惨重抵挡不住往后撤退，聂士成在后用机枪扫射回撤的义和团成员。在前后夹击中义和团成员死伤殆尽，之后清军才正式开始和联军交火。

1.1900年，八国联军攻占天津，图为帮助美军的民工运输车队
2.天津一市民家庭在被联军摧毁的房屋废墟内用餐
3.八国联军拍下的北京孩童学着联军敬礼的样子
4.庚子年，德军在颐和园合影

1	2
3	4

　　6月16日，聂士成奉命攻打天津租界时，再次撞上了正四处烧杀抢掠的义和团，聂士成派兵弹压，杀义和团上千人。义和团仇恨聂士成，通过支持义和团的皇族向慈禧太后传言聂士成投敌。清廷下旨谴责，聂士成大怒，留书：上不谅与朝廷，下见逼与拳匪，非一死无以自明。此后每次战斗均冲在第一线。

　　7月初，在聂士成与联军交战时，义和团到聂家掳掠聂士成母亲、妻子和女儿。聂士成派兵追击，但部下叛变，大叫"造反"并射击聂

〉德军攻占北京后的作
秀照片

军。聂士成腹背受敌，身中数弹而死。义和团本要戮尸，但联军攻到，聂士成尸体才免于被戮。

明眼人的东南互保

在清中央政府还没有向各国宣战之前，两江总督刘坤一，湖广总督张之洞、两广总督李鸿章、邮政大臣盛宣怀曾商议如何维持东南各省的稳定，避免卷入荒唐无端的战事。同时还筹划了在北京失守，慈禧、光绪两人遭遇不测的情况下，东南各省组建新政府的计划。在计划中，新政府将推行共和体制，由李鸿章出任总统。

6月21日，慈禧太后以光绪皇帝的名义向十一国宣战。宣战诏书下行传达时候，邮政大臣盛宣怀下令各地邮电局将召集的义和团民以及宣战的诏书扣押，只允许地方督抚阅看，并且电告各地督抚张之洞、李鸿章的态度，奉劝各地督抚不要响应命令。李鸿章时任两广总督，收到电报后立即复电：此乱命也，粤不奉召。湖广总督张之洞随后立

1.大约五十名义和团团民被八国联军中的美国第六骑兵队抓获,这些人在第二天全部被处决。
这张照片是他们大部分人的第一张照片,也是最后一张
2."庚子国变"后被捕的义和团拳民

即提出"李鸿章大总统"方案,一旦北京不保,就共同推举李鸿章出任中国总统主持大局。李鸿章的幕僚刘学洵去信孙中山:傅相因北方拳乱,欲以粤省独立,思得足下为助,请速来粤协同进行。

6月26日,刘坤一、张之洞以上海道台余联沅为代表,邀请各国驻上海总领事商定《东南互保章程》九条。

义和团运动打击了列强的气焰,也在一定程度上点燃了民众反抗的勇气。但当这种愤怒在清政府的煽动下发展成笼统排外泄愤后,也渐渐令其失去了民心。一次次盲目地烧杀掳掠,使义和团被推上风口浪尖,这一个个事件、一笔笔仇怨被列强攥在手心,成为了他们口中的"正当理由"。最终在在清政府和八国联军的联合绞杀下,京津地区一片焦土。

上海的租界是福还是祸？

文／波芒特·张

租界并不是随着《南京条约》来到中国的

葡萄牙人在明朝，具体在 1553 年，就取得了在澳门的居住权，1887 年，清国同葡萄牙签署《中葡会议草约》和《中葡友好贸易通商条约》，正式通过外交文件将澳门租借给了葡萄牙。

上海的租界始于 1845 年。普遍上认定历史上租界使用国均是借由本国通过不平等条约取得公民领事裁判权，许多人会认为中国是被殖民的一方，不过事实上许多租界其实是中国当局主动出让的。1842年中英《南京条约》内文列明英国人有权居住在上海，并无允许在上

海划予英国任何租界。后期其实是上海道台宫慕久害怕中国人和英国
人杂处、滋事而影响个人仕途，于是自愿划出黄浦江的河滩上一块不
毛之地予英国作为租界。宫慕久和英国人签订的开辟上海租界的条约，
名叫《上海租地章程》，签署于 1845 年，当时英国军队已撤离大清
国土地很久，英方与宫慕久谈判并签约的是领事巴富尔，过程中英国
军方没有参与谈判。

1854 年 7 月到底发生了什么？

原来，史载 1854 年 7 月 11 日，上海英租界和法租界决定建立市

政机构"上海工部局"，同时建立武装和警察部队。为什么要在那段时间建立工部局且建立武装？原来 1853 年 9 月 7 日太平天国的分支小刀会在上海发动农民暴乱占领了上海县城，当时的上海政府已经失去了对于本地治安和秩序的管理，也无法保证居民的人身安全。西侨为了自保，仿照西方的制度，自发地建立起了一个管理机关，即工部局。工部局仿照当时世界最先进的英国议会政体，再加上工部局自发组织的性质，维护保安武装的资金须由本地侨民自行承担。于是，工部局开始在租界内征税。

当时的租界内居住的都是西侨，中国政府并不允许华人进入租界，所以工部局征税的对象并不包括华人。按照两国约定西侨在租界内享有自治的权利，所以组建工部局同在租界内征税不能被称为不合法地抛开中国政府。至于后来由于小刀会制造的暴乱导致大量的中国难民涌入租界，寻求租界武装的保护，租界征税对象因此扩大到华人社群，按照双方自愿的原则，既然这部分华人享受了租界社区的服务，缴纳维持社区所需的费用也是合情合理的。

至于租界的土地章程和法律基础，实际上，英、美、法等国在中国的租界内部并没有制定和颁布过宪法纲领性质的文件，租界存在的法理依据自始至终都是上海道台宫慕久与各国签订的《上海租地章程》。

租界被认为是"独立"的最核心的内容在于法制。按照《中英五口通商章程》的规定，"英国人犯罪归英国法律管，中国人犯罪，归中国法律管"。在工部局成立，警察制度建立起来以后，在租界内违反社会秩序被捕的中国人，都会由租界巡捕移交中国衙门。据上海县志记载，每日大约有二十余件刑事案件。但是，由于上海的衙门官员不识英文，无法阅读租界巡捕整理提供的口供和卷宗，往往草率释放人犯。重获自由之后，这类人立即又潜入租界继续违法，所以一度给租界的社会秩序造成很大的困扰。在中国政府同租界所有国磋商之后，同意成立会审公廨。1866年，会审公廨在上海成立。双方规定，会审公廨处理一切涉及华洋两方的案件，如果案件只涉及中国人，则由中国衙门独断。会审公廨的成立是当时解决社区实际问题最好的方案，没有违反法理，也没有违反情理。

上海到底有多少租界？

随着民国题材的电视剧与日俱增，片中提到上海就要说租界，又是英租界，又是美租界，又是法租界，又是日租界，上海到底有多少租界？严格说，上海租界最多的时候是三个：英租界、美租界和法租界，只有两个租界长期存在，即公共租界和法租界。上海从来不存在日租界。日租界是太平洋战争爆发后，上海民间的以讹传讹。"八一三"淞沪抗战爆发后至太平洋战争爆发前，租界当局担心中国政府或者日本借口公共租界所有国而进攻租界，遂调整原来的租界布局，把公共租界东北角相对独立的一块（即上海虹口一带）单独用于安置日侨，但是其管辖依然归于公共租界工部局。法国在1862年退出工部局，自设公董局，所以法租界的管辖权不归工部局。但是法国人管理社区的能力相当差，与工部局管辖的公共租界有序、繁荣的景象完全不同，法租界秩序混乱治安不佳，黄赌毒泛滥，公务人员腐败。当时上海主要的鸦片交易和包娼庇赌行为主要由法租界的公务人员垄断。上海著名的流氓黄金荣就是法租界巡捕房的华督查长。而杜月笙后来更是担任了法租界公董局的华董，是当时法租界华人中最高职务。

上海被称为"冒险家的乐园"，但是这在上海人的心目中却是一个褒义词。当年的上海租界，不问出身高低，不问家庭背景，只要有理想，只要肯努力，人人都有公平的机会出人头地。蒋介石是在上海通过同乡闻人虞洽卿搭上孙中山的大船的，国民党元老势力之一的陈其美也是在上海起家。至于当年的名商巨贾，多数都是从籍籍无名之辈起步。其中值得一提的是，如今美国最大的保险公司AIG和如今欧洲最大的银行汇丰银行均是创始于上海的租界。如果没有租界提供的通向世界的广阔平台和基于英国自由市场经济体制下的自由竞争机制，上海是不可能有之后的繁荣的，也是不可能成为当时远东第一大城市的。

租界是何时收回的?

租界不是国民政府也不是共产党政权收回的。收回租界的是汪精卫政权。1941年12月7日太平洋战争爆发后,日军走出上海公共租界东区进入公共租界西区、中区。1943年,《南京条约》签署100周年纪念时,当时的日本政府正式将上海的租界归还给了汪精卫政权,自此以后,上海再也没有了租界。1945年抗战胜利以后,国民政府光复了上海全境,随即上海全境均归国民政府管辖。

上海的租界内有法律吗?

当然是有的,但是上海租界内仿照英国制度,所以实行的是普通法,即没有成文法的判例法。由于当时的上海公共租界工部局属于自发自治性质的市政管理机关,所以强调司法独立,当时的上海租界是整个中国首推的法治首善之区。上海租界内,私人权利和财产能得到保护,个人自由有保障。工部局保护言论自由,坚持契约精神。在这样的环境下成长的中国自己的商业文明,直到今天依旧是中国经济体系的中流砥柱,在这样环境下成长的人才成为之后建设中国的领军人物。

租界是一种侵犯主权的存在,不过它在历史上也有过积极的意义。不能因为这个社区的管理者是外国人,就抹杀他的成就,因为像AIG或者汇丰银行这样的商业成就是鉴证,狭隘的民族主义在上海是没市场的。

古代穿越指南

文／宋燕

你不知道的宋朝

〈 宋朝是把砖
茶打成粉末加
开水做成茶汤

如何分辨古时候人的喝茶方法呢？有一种说法叫作"唐团茶，宋抹茶，明煎茶"，唐朝是把茶叶蒸过后制成茶砖，喝的时候用刀削下用水泡开。宋朝是把砖茶打成粉末加开水做成茶汤。明朝是直接把茶叶泡开。现在日本的茶道，就是宋朝人的喝茶法。

中国烹饪用语大部分都来自于宋代，譬如：我们现在最常使用的炒和炸两种烹饪方法都是宋代才出现的，之前都是烤、蒸和煮，连吃肉都经常蒸着吃。

宋朝时达官贵人流行喝福建建州所产的茶，蔡襄当福建路转运使时，给仁宗进贡建茶的小茶饼，一个饼才半两重，价值18贯钱，能买套房子了。到宋徽宗时候，这茶更贵，一饼茶能卖到40贯钱。到南宋，更炒到天价，每年的第一纲茶，跟腰带扣那么大的一小饼，才能泡几杯而已，卖到400贯。

宋朝皇宫里原则上不吃猪肉，"饮食不贵异味，御厨止用羊肉"。羊肉消耗量很大，宋真宗时"岁费羊数万口"，宋神宗时一年"羊肉四十三万四千四百六十三斤四两，羊羔儿一十九口"。不过原则是原则，极少数时候还是会换换口味，比如宋神宗时候的御厨统计里，每年还会消耗猪肉四千一百三十一斤。

宋朝经历过一个气候变化剧烈的过程，北宋初期是个小冰河期，天气非常冷，宋太宗淳化四年因为太冷，皇帝派宦官给京城孤老和穷人都送了一些米炭，"雪中送炭"的说法就是这么来的。到南宋又进入全球变暖时期，海岸线都向内退了上百公里。宋真宗咸平六年，因为太冷，朝廷特地下旨让兵役都停了。

宋太宗是个下毒高手，他在当皇帝之前就潜心研究，收集了上千种医药单方。他毒死南唐后主李煜等人用的毒药，叫作"牵机药"，服用之后全身抽搐，蜷曲成一个大虾一样死去。这种药后来人研究过，是马钱子，主要成分是番木鳖碱和马钱子碱，可以破坏中枢神经系统，毒性很强且难解。一百多年后宋徽宗当上皇帝，骑马巡视皇宫，就在一个没名字的仓库里发现了大量毒药，宋徽宗当场表示："如果大臣果然有不赦之罪，应该明正典刑，哪儿能这么干呢？"然后下令销毁了。

"太监"这个词在宋朝，指的都是正经的官，比如观天象的司天监太监、管军器制造的军器太监、管公共建设的将作太监等等，宫廷女官里也有尚宫太监。真正的宦官，在那时候叫内侍、中使。

《水浒传》、《新龙门客栈》里都描写过杀客人的黑店，这真不是艺术夸张，宋朝有不少旅店真杀人吃肉。《夷坚志》里写过好几家杀人的邸店，"伺客熟睡，则从高以矛揸其腹，死则推陷穴中，吞略衣装，续剐肉为脯，售于墟落"，"待客熟睡，以巾缚客口，倒曳至窖中，生埋之"……是不是有一种看《新龙门客栈》的即视感？

根据年税收总额计算，宋仁宗时期，中国的 GDP 占到了全球的 50%，人均 GDP2280 美元，这个数值约等于 2006 年中国的水平。不过这个数值只是昙花一现，而且略有争议。宋朝其他时候人均 GDP 平均在 450 美元左右，等同于 1993 年的水平。

宋朝假冒伪劣也成风。北宋时开封的新郑门、西水门和万胜门，水产事业非常发达，每天有数千担鱼运来。《清波杂志》记载，淮南的虾米用席裹入京，保鲜水平不够，到京都已枯黑无味，小贩用粪便浸一宿，早晨用水洗去，就红润如新，再卖给顾客。

宋朝有首流行歌曲："浙右华亭，物价廉平，一道会买个三升……这一瓶约迸三斤。君还不信，把秤来称，有一斤酒，一斤水，一斤瓶。"华亭就是现在的上海，这首曲子唱的就是上海的酒 1 贯纸币能买三斤，其实光瓶子就重一斤，掺的水又有一斤。

宋朝商业服务业发达，有专门为人上门承办酒席、宴请的机构，号称"四司六局"，分工特别细。帐设司掌管各种陈设，茶酒司掌管茶汤、热酒，安排座次，迎送等，厨司掌管烹饪，台盘司掌管杯盏碗碟的传送之类。果子局、蜜煎局和菜蔬局负责三种食品的供送，油烛局、香药局和排办局负责灯烛、香料以及事后打扫。现在的海底捞送餐，服务怕也比不上那时。

如今的广东广西南部，宋朝时称桂州，属于不很开化的地方。那里的人有个风俗，产妇如果生了男孩，全体亲友都会赶来……吃胎盘。史书中记载："净濯细切，五味煎调之。召至亲者合宴，置酒而啖"，要是没给哪位亲友吃，一般都会引起家庭纠纷的。

古时候紫色染料难以获得，价格昂贵，因此能穿紫色的都非官即贵，所谓"满朝朱紫贵，尽是读书人"就是这个意思。宋真宗喜欢讲排场，全社会都掀起了一股奢侈风，一度全社会都流行穿紫色衣服，还互相攀比，你紫我更紫，以至于到后来颜色都深到黝色，快跟最不值钱的黑色差不多了。

宋朝士大夫流行蓄养姬妾，有一类姬妾是租的，跟现在的包养情人差不多，要签合同——谁谁谁，跟谁谁谁几年，为此谁谁谁要付谁谁谁的家人多少多少钱。合同期满，就要把人退回去。

宋朝也有普通话，洛阳、开封的地方方言就是那时的普通话。这两个地方还有微妙的区别，开封虽然是首都，但上层人士普遍认为洛阳口音才是最正统最有文化的。

就跟北京话和普通话不完全相同一样，宋朝时候的开封话也是。开封有个军嫂，丈夫去戍边，他找个秀才给丈夫写家信。他们的儿子叫窟赖儿，她交代秀才："你就写：窟赖儿娘传语窟赖儿爷，窟赖儿自爷去后，直是仔憎儿，每日根特特地笑，勃腾腾地跳。天色汪囊，

︿ 宋朝的"全国假日办"归祠部管,每年假期共100天,其中包括旬休36天

不要吃温吞蠖（huò）託底物事。"秀才提笔楞半天，一声长叹："大嫂，这钱还您吧，这信我实在不会写。"

宋朝的"全国假日办"归祠部管，每年假期共 100 天，其中包括旬休 36 天。那时候没有"周"的概念，官方规定每 10 天休息一天，称为"旬休"。其他什么清明节、中元节、天圣节啥的都有假期，不同职业给定的假期还不一样。不过什么事都是越发展越松弛，到南宋时，有官员做过统计，发现全国官员一个月里有大半个月都在休假。

讲宋朝的电视剧里，地痞无赖头上都爱戴朵花。其实这不是地痞无赖的专利，宋朝时男男女女都戴花，男的戴得尤其积极。每次皇帝举办宴会，都会给宠爱的大臣亲自戴花，其他大臣花发下去自己戴。皇帝自己也戴花，宋徽宗每次出游都"御裹小帽，簪花乘马"，前前后后的从驾臣僚侍卫也一律戴花。

上海人骂人称"赤佬",不知道是不是从宋朝传下来的,北宋时骂大兵就说"赤佬",因为北宋军服是红色的。

来欣赏下宋朝人写的外语诗:"押燕移离毕,看房贺跋支,饯行三匹裂,密赐十貔(pí)狸。"这是刁约出使契丹时写的,"移离毕"是官名,相当于宋朝仅次于宰相的执政;贺跋支(即契丹语守门隶役的意思),如执衣防阁。匹裂是"小木罂,以色绫木为之,如黄漆",貔狸"如鼠而大,穴居,食果谷,嗜肉,狄人为珍膳"。余靖使辽时也写了一首:"夜宴设逻臣拜洗,两朝厥荷情感勤。微臣雅鲁祝若统,圣寿铁摆俱可忒。"为了避免大家看不懂,他自己还做了注释:设逻,"厚盛也";拜洗,即"受赐";厥荷,即"通好";感勤,即"厚重";雅鲁,即"拜舞";若统,即"福佑";铁摆,即"嵩高";可忒,即"无极"。

宋朝时市场竞争就很激烈了,商家为了吸引顾客使出种种手段。比如在京师卖药的,都要在闹市弄狮子、耍猢狲,把市人聚集过来,甚至有"锁活虎于肆"以求售药者,都是复合型人才。画家高益在京城卖药,不会马戏,不过他剑出偏锋,搞买药赠画,很快名传四方,生意比玩杂耍的还好。不过以今天的眼光来看,画多贵啊,这买卖赔大了。

宋真宗年间,有个叫萧立之的人高中进士。本来是大喜的事,结果被人爆料——这是个在逃犯。一查,这个人原名萧琉,太宗年间因为聚众赌博被抓,按照太宗诏令,聚赌者应该抓到就杀,但此人受杖刑后就被放了。这样的人最好是隐姓埋名过此生，谁料他却换了个名字来参加高考，关键是还考上了，真是戏剧的人生。身份暴露后，该人被夺去功名，罚款四十斤铜。

宋朝时，相扑是一项全国人民喜闻乐见的运动，无论高级场合如朝廷朝会，还是低级场合如勾栏瓦肆，都经常有相扑比赛，且永远观者如堵，连皇帝都跑去瓦肆看相扑。这其中尤其受欢迎的是女子相扑，一般设在正式比赛之前，属热场表演。参赛选手当然也如男子一般衣着清凉。正人君子都不太看得下去，总有批判的，不过他批他的，我看我的，终宋一朝，女子相扑都很红火。

〈 宋朝说书称作"讲话人"，那时候最流行讲的是三国和五代的故事

像我这样讲历史的,在宋朝可受欢迎了(好想穿越回去),勾栏瓦肆、市井街头每天都有,称作"讲话人",好多人花钱来听,听到高潮处又哭又笑。那时候最流行讲的是三国和五代的故事,北宋灭亡后宋室南渡,讲话人改讲大宋忠臣名将和前朝繁华,人们更爱听了。

在宋朝的广南,和尚是个有前途的职业,他们不仅可以做生意,还可以娶老婆。当地从事金融业的大都是和尚,且因此致富,富了自然也就有妹子,连富家女都愿意嫁给和尚好有钱人终成眷属。有外来人看到这样的景象曾经写过一首诗:行尽人间四百州,只应此地最风流。夜来花烛开新燕,迎得王郎不裹头。

在整个大宋,和尚都是一门生意。当和尚要先申请度牒,这个度牒是收费的,且随着局势发展价格不一,在黑市上就更随行就市,所以度牒慢慢就成了一种硬通货,有时候皇帝给公主亲王什么的发钱都用度牒代替。光靠度牒毕竟太少,后来国家又炒出一种紫袈裟,作为国家认证的高僧标志,这个紫袈裟也成了硬通货。像宋神宗时对外用兵,就发度牒和紫衣给边关将士,作为奖励,将士们也觉得这个比发钱合算。

椅子这种东西是唐朝末年才出现的,所以要是看到写唐以前的电视剧里人物坐椅子那都是耍流氓。宋朝时椅子已经比较普及了,但宋朝初年人们还不是太接受新观念,大家闺秀是不坐椅子的,坐了会遭人嘲笑。

《太平寰宇记》里记载过贵州地区在宋朝时的一个可怕习俗:一家人生下的第一个儿子要吃掉,当地人认为这样以后能多生儿子……

　　大词人柳永的哥哥柳三复，在历史上唯一留下的名声是拍马屁。他中进士后，几年选不上官。当时丁谓正如日中天，他想走这条门路，苦于无人引荐。他听说丁谓喜欢踢球，就天天守在丁谓家球场的墙外。终于有一天，丁谓踢的球飞出了墙外，柳三复赶紧拾了球，抱着进去还丁谓，见丁谓后，把手中的球抛在空中，一面跪拜，一面用肩、背、头顶球，球一直未落地。他靠这个打动了丁谓，之后走上政坛。

　　宋代为什么读书人地位高？因为一旦登第做官，就真的会又有钱又有名走上人生巅峰。宋代官员的收入是历代最高的，比汉代增加近十倍，比清代高出二到六倍。

　　宋词真的是用来唱的，只不过北宋灭亡后，君臣南渡，好多曲子都遗失了，慢慢词才发展成一种纯文学形式。很多早期词人都通音律，像宋太宗，就曾亲制大小曲及因旧制创新声者三百九十首。宋仁宗也写过多首曲子赐教坊演唱。在他们的带动下，文人们都以给曲子填词为荣。

　　宋朝士大夫出入歌楼妓馆，是风流的表现，很多名人都在历史上留下过艳名。比如范仲淹，从鄱阳离任后，曾写过一首诗赠给自己当年在鄱阳的相好，并给她寄胭脂传情。诗云："江南有美人，别后长相忆。何以慰相思，赠汝好颜色。"不过从莫君陈的《月河所闻集》里我们可以知道范仲淹的口味比较独特——他赠胭脂的这位相好，已经六十多岁了。

　　宋朝是第一个区分城市户口和农村户口的朝代，城镇户口被称为"坊郭户"。而且各地区户籍拥有的特权也有区别，为了防止有人占首都户籍参加科举录取比例高的便宜，特地规定拥有东京户口7年以上的，才可以被划到东京片区参加考试。但"好户口"也不是只有特权，根据宋朝的花样收税法，他们交的税也是最多的。

上学时都背过范仲淹的千古名篇《岳阳楼记》，里边描述岳阳楼和洞庭湖的优美风光，跟真的似的。其实范仲淹写得这么生动，他自己并没见过岳阳楼。《岳阳楼记》是他应知岳州的老朋友滕子京的请求而作的，而当时他自己正知邓州，离着上千里远，朝廷又不允许官员擅离职守。虽没办法亲眼目睹，但人家光凭想象也蒙了咱们这么多年。

经济繁华时，时尚圈就格外崇尚个性化……到吃饱撑着的程度。仁宗时流行过戴又高又长的白角冠，最长的到三尺有余，头发上插的梳子也超过一尺长，"两翼抱面，下垂及肩"。由于太长太大，登车时得侧着身子才能进得去门。

∧ 仁宗庆历年间，政府收入的很大一项来源是——酒税，占到了总税收的五分之二

仁宗年间兴起的另外一个怪时尚是剃眉——把眉毛剃光，然后用墨画两道假眉。不太好想象那是什么样。

仁宗庆历年间，政府收入的很大一项来源是——酒税，占到了总税收的五分之二。这怎么理解呢？你就想想现在烟草专卖制的状况就可以理解了，宋朝时酒是实行专卖制的。

宋朝也有文工团。在宋代，百戏杂技都是被编入军队的，称为殿前司左军、殿前司右军，而且每月发工资，专门负责御宴朝会上的表演。不过赶上大宴，这个文工团常常会人手不足，也会从民间雇用艺人来充数。

现在人称呼别人喜欢加上官名，比如某总、某董事长，这要是搁在宋朝能累死，比如您叫一下下面这位：端明殿学士兼翰林侍读学士朝散大夫右谏议大夫充集贤院修撰权判西京留司御史台上柱国河内郡开国侯食邑一千三百户食实封四百户赐紫金鱼袋司马光。

宋仁宗之所以被称为仁宗，原因之一就是心眼太好。他对人确实仁慈，有过几个著名的故事。一是有一天他半夜里饿了，想吃烧羊肉，但怕他这么一索要，从此宫中就会成为定例，每天多宰杀，于是忍饥直到天明；还有一次他从外面回来，一进宫就要水喝，说渴得要命，嫔妃问他路上为什么不喝，他说他回头看了几次，没看到随行人员带烧水镣子，怕自己一问，会有人受罚，就忍渴没说。

益州知州张方平有特别的藏书方法。他借别人书看，几天后归还，全书一字一句，都印在了脑海里，堪称古代 kindle。他有这独门秘诀的原因是小时候家里穷，没钱买书，但又渴学，所以练成了这个本事。

北宋时候在京公务员一般都是租房住，这一方面是因为开封房价太贵，另一方面是公务员流动大，今天在京明天没准就外派了。不过租房价也不便宜，宰相向敏中花 5000 贯钱买下薛安上的大宅子再租给薛家住，一天的租价就是 2 贯钱。如果是租一套普通住宅，每天租金 500 文钱也就是半贯。这价钱有多贵呢？如果是在地方州县，租一间房，一天的租金才几文钱而已。到宋徽宗朝，通货膨胀，房租又涨了一倍。

不过如果不用天天打卡，到开封郊外买块地盖个房住挺不错。仁宗年间，京西汜水县上好的地，一亩才 300 多个钱。那时在开封吃顿早饭都要二十几钱，省一个月早饭，就能置块地盖别墅了。不过当然，盖房还是要掏工费材料费的。

那时候政府也搞公租房，有个店宅务，专门负责公租房业务，一年就能租出去两万多间，平均每间月租价 4 贯多，比公务员们租的民房便宜，不过估计质量差些。另外这个公租房也会随着通货膨胀上涨，到神宗时每间房就 5 贯多了。

民族英雄岳飞也当过房东，他盖了 38 间房出租，每天能收租金 1 贯 430 文。

开封城内的大相国寺，是北宋时的大托拉斯。据说北宋立国不久，宋太祖到大相国寺视察，在佛像前问陪同的住持赞宁应否跪拜，赞宁答："现在佛不拜过去佛。"太祖会心一笑，即为定制。之后相国寺便被定为皇家寺，皇帝在上元节来寺游赏成为惯例，宋太宗还亲赐御笔金字匾额。大相国寺有庞大的寺产，神宗时仅本部就有六十四院，还在寺庙周边与京城内外经营着大量邸店、商肆、当铺与庄园，"每一交易，动即千万"，课租所得，由官府与寺方分成。

相国寺曾有个叫惠明的僧人，善于烹调猪肉，人们都把他住的僧院叫作"烧猪院"。文豪杨亿也常带朋友去那里吃，有一次对他说："这烧猪院不太雅观，不如改为烧朱院吧。"于是，烧朱院就叫出了名。

相国寺还出过娶妻的和尚。有一位法号澄晖的和尚，娶了一个艳娼，每次酒醉，就情不自禁地念叨："如来快活风流，光前绝后！"有一个无赖少年求看看这位"梵嫂"的芳容，澄晖没同意。隔日，澄晖所居僧院的牌额蒙上了新纸，上面写着"敕赐双飞之寺"，估计是那少年干的。

宋朝时候，女人都是当东西用的。韩琦在定州养门客，看其单身，买了个女人送他；欧阳修给已故宰相王旦写墓志铭，王旦的儿子为了答谢，除了支付润笔钱，还买了两个侍女送他。宗室赵仲骒买了一个女子为妾，不久因为醉酒，把人家脸烧坏了，竟然投诉到开封府要求退货，然后开封府是以"用坏了，不值钱，不能再卖"这种理由拒绝的，最后在皇帝干涉下把钱还了女子，遣其回家。

在开封吃饭时叫歌女唱个曲儿，只花几文钱就行。要是叫妓女陪宴就贵了，一场多名妓女陪酒的宴会，要二三十贯钱，也就是两三万文。陪睡呢？分什么等级，曾有个名妓王美娘，号称花魁，陪睡一夜10两银子。

劳动人民这样改变历史：宋朝建国时袭唐制，开封是按里坊管理的，相当于全城分成很多个小区，每个小区都有围墙，一到晚上就关门上锁，百姓无故不能上街行动。但开封城区窄，人口发展快，经济又发达，很快地方就不够了，沿街住户都私搭乱建，还在坊墙上开窗开门，城坊形同虚设，夜间也热闹不休。官方几次试图治理，太宗、真宗时两次恢复宵禁，都没有成功，到仁宗年间，开封就彻底成了不夜城，里坊制就这样退出了历史。

宋朝时也有"风投"。《苏魏公文集》记载宋太宗时候，开封有个正店老板看好一位酒博士，贷款给他100贯钱，让他去开一间脚店（供人临时歇脚的小客店）。这位博士果然不负所望，一年时间就连本带利还清了。

北宋第一大 V 王安石

北宋第一大 V 王安石在出场之前，就已经很有名了，属于"哥不在江湖，江湖上有哥的传说"那种。他出名的原因，主要在于不混圈子——别人都绞尽脑汁进京当官，就他非要留在地方，不仅自己不努力进京，就连京城招他，他也百般推脱。不知是不是因为神秘感，反正他拒绝得越多，名气就越大。

王安石为什么要拒绝进京做官呢？史书里有两种说法，赞美他的说他是"恬退"，也就是看淡名利，批判他的说他是故意表现争取更大的名利。其实人家自己说的特简单直接："我们家穷，人口多，祖

母老，妹妹未嫁，我得留下照顾家人。"越简单的理由，大家越当借口，非得挖出个大阴谋来才肯信，这个不知道算不算中国特色。

王安石作为公知大V，评点时政是必须的。他给仁宗写过一封万言书，中心思想是国家已经千疮百孔了，不能再凑合了，该改革了。虽然仁宗没理他，但粉丝涨了一大堆，其中包括宋神宗的老师韩维。

韩维是这样介绍他的爱豆王安石的——每次他给还是颖王的神宗讲课时，讲到一些发人深省的思想，他都会无限骄傲地说："这是我的朋友王安石说的。"由此给年轻的神宗种下了拉拢的种子。神宗上台之后，就把王安石招来了。

王安石是个不能用那个时代的标准理解的人，因为他几乎全无人生经验。长官让喝酒，不想喝就是不喝，长官的眼神都要杀死他，也不喝。皇上授官做，不想干就是不接旨，中官都把圣旨塞他怀里，他也要追上去塞回中官怀里。这就是当时大多数人认为他矫情、虚伪的原因——按人生经验推脱是必须的，但推得差不多就接受也是必须的，否则就是伪装圣贤了。

王安石对生活的要求低到发指，他不讲究吃不讲究穿，连基本的清洁都不讲究。多年不洗澡，不换衣服，身上虱子一抓一把，离老远就能闻到臭味儿。他的时间都用在读书和思考上了，跟古希腊某些哲学家倒是挺相像的。

王安石进京什么都还没干，就得罪了一堆人——就因为他什么都没干。他最初出名，是欧阳修听了曾巩的介绍，把他推荐给当时的仁宗，而名扬天下的。在欧阳修看来，自己是有提携之功的，而王安石眼看要发达了，却不来拜访自己，不是小人是什么？韩琦曾经当过王安石的老上级，王安石进京了，也不来看望汇报，这不是故意是什么？一众情商出众的老名人，王安石都给得罪光了。

日子过得好好的，神宗为什么非要改革呢？因为要养的人太多，缺钱。真宗时官员有1万多名，现在25000名，还有二三十万不在编的吏员；太祖时士兵是20多万人，现在140万人。这么多人都要领工资，钱从哪来？神宗继位之前，每年政府赤字达到1570万贯。大宋已经花样收税了，再加非得暴动不可。

司马光的财富观，是"世间财有定数，不在百姓手中，就在朝廷手中，理财就是与民争利"；王安石的财富观，是"生产少则民不富，民不富则国不强，要以天下之力，用以生天下之财，以供天下之费"。这俩之后互相斗争几十年，就为这点差别。

神宗信王安石的——因为只有他有办法啊，别人都不正经回答他问题，换你你信谁？自神宗继位第二年开始，各种改革措施陆续出台，史称"熙宁新法"，也称"王安石变法"。这事到底是好是坏，直到一千年后的今天，仍然在争论。

山外青山，楼外青楼

谈谈古代的色情行业

文 / 猫不闻饺子

唐朝的韦庄写过一首《菩萨蛮》，其中有一句："当时年少青衫薄，骑马倚斜桥，满楼红袖招。"词中所写的是追忆自己年少的时候逛青楼的场景。一说青楼，我相信很多人首先都会下意识地想到那是卖淫的地方，是色情交易场所。其实不然，青楼并不等同于妓院，古代妓女分为两种，一种卖艺不卖身，比如歌妓、舞妓等，纯粹卖身不卖艺的那是娼妓。一般来说在古时候人们的文化普遍程度都不高，在女子无才便是德的儒家思想的影响下，女人的文化程度就更是可想而知，而青楼中的女子就算是当时文化程度最高的女性了，甚至像鱼玄机、薛涛这些人更是文采不输当时的许多名士。

其实最早"青楼"这个词指的是富贵人家装修豪华、青砖青瓦的楼房，后来才慢慢变成了代指妓院中最高档的会所。

在古代能够去青楼消费的那都得是王公显贵、风流才子、商贾巨富甚至天子帝王。

说到逛青楼的皇帝，最著名的就是宋徽宗了，为了能够和当时名动京城的李师师约会，直接命人从皇宫挖了一条直通李师师家的地道。甚至贵为天子的宋徽宗还为了李师师这样一个青楼女子而吃醋。事情是这样的，李师师除了和宋徽宗打情骂俏之外她还非常欣赏当时的大文豪周邦彦的才华，周邦彦也是李师师的常客。一日李师师正和周邦彦你浓我浓，从诗词歌赋谈到人生哲学，突然听闻宋徽宗来了，领导和下属在青楼里碰面还为了同一个妓女这事儿自然是相当尴尬。周邦彦没法儿，只得躲在李师师的床底下。等宋徽宗和李师师约完会，准备起驾回宫的时候，李师师说了句："夜已三更，马滑霜浓，不如休去。"

意思是，天这么晚了，路又滑霜又浓，不如就别走了吧。李师师也就客气客气，宋徽宗也想不走，但毕竟还有公务呢。么么哒一番之后就回去洗洗睡了。李师师和宋徽宗的谈话被躲在床底下的周邦彦听得是一清二楚，改过天来就写了一首词："并刀如水，吴盐胜雪，纤手破初橙。锦幄初温，兽香不断，相对坐调筝。低声问：向谁行宿？城上已三更。马滑霜浓，不如休去，直是少人行。"李师师还特别爱唱周邦彦写的这首词，还唱给了宋徽宗听。宋徽宗一听很惊讶，这不是我们约会的场景吗？谁写的？李师师如实回答，宋徽宗听完醋意大发，后来找了个理由就把周邦彦给免官了。可怜周邦彦为了泡妞丢了工作，也是蛮拼的。

妓院最早在春秋时期就出现了，而且还跟辅佐齐桓公成为春秋霸主，六合诸侯，一匡天下的管仲有关。管仲被古代的色情行业奉为整个行业的祖师爷。管仲在对齐国的改革中采取了许许多多的措施，其中一条就是成立官方的妓院，称之为"女市"，在齐国的国都一共设立了七家，一家女市中有一百个"女闾"（也就是妓女）。这些妓女可不一般，在当时那都算是国企单位的正式员工，有编制有福利的。管仲设置官方妓院的目的就是为了增加国家税收，解决了当时大量女奴隶的就业问题。除了管仲，越王勾践还在军队中设立了营妓，用来为士兵们提供性服务。

到了唐朝的时候，社会比较开放，妓院也得到了蓬勃发展。妓女，尤其是档次比较高的青楼妓女在当时的社会地位也并不低。也不是你想见就能见的，光有钱还不行，光拼爹也没用，拼的都得是才华，得靠真才实学才能博得佳人的欢心。唐朝的时候科举制度得到了一定程度的完善，读书人都希望通过读书步上仕途，所谓："朝为田舍郎，暮登天子堂"。当时中举的人会有两位才貌双全的进士，有资格在长安城中随意逛青楼，并且有优先选择权，名曰"采花"。都知道古代科举进士前三名分别叫：状元、榜眼、探花。第三名"探花"这个词就是这么来的。所以说古人讲书中自有颜如玉，是有道理的。诗人孟郊还写过一句诗："春风得意马蹄疾，一日看尽长安花"。

应该说青楼行业还对古代的文学发展提供了很大的帮助，许多文人墨客都写下过无数风花雪月的文章、诗句。例如自称奉旨填词的柳永，还有大名鼎鼎的白居易白老爷子，也是青楼的 VIP 级别的人物。

都说婊子无情，戏子无义，其实很多青楼女子还都挺一往情深的，甚至可以为某一个心上人不惜等上三年五载，从"妆成总被秋娘妒"

等到"门前冷落车马稀"。

宋朝的时候有一青楼才女名叫严蕊，与台州太守唐与正感情很好，唐与正在台州做太守的时候因为反对朱熹的学说，得罪了朱熹，后来朱熹升任浙东提举就开始报复唐与正。严蕊受到无辜牵连被关入大牢，岳飞的儿子岳霖得知此事才从牢狱之中救出严蕊。释放前，岳霖命她当众作词一首自陈，严蕊随即就写了一首《卜算子》："不是爱风尘，似被前缘误。花落花开自有时，总赖东君主。去也终须去，住也如何住，若得山花插满头，莫问奴归处。"词婉意切，表现了她向往自由的可贵志气。

还有许多青楼女子在国家危亡之时挺身而出，比如南宋"中兴四将"之一的韩世忠的夫人梁氏，就是评书演义中擂鼓战金山的梁红玉，她就是青楼出身，再比如民国时的小凤仙，她曾掩护蔡锷将军跑到云南举兵起义。

明末清初秦淮八艳之一的柳如是，在明朝灭亡之时拉着钱谦益一起去跳河以此殉国，结果钱谦益到了河边一摸河水说了句"水凉，不宜跳"。

一代大名士，文坛盟主竟然还比不上一个文弱的青楼女子有气节。

就算三宫六院，
也有长情皇帝

文／刘泽星

提起古代的帝王们，总会让人联想到三宫六院中夜夜笙歌，无数美女左拥右抱的场景，历史上那些不受人待见的昏君、暴君、亡国之君，也总是被人冠之以"荒淫无度"四个字。然而当我们仔细观察，其实他们和我们普通人没什么区别，常人有的需求他们也有，只是处在那个位置上，各种需求都因为权力和地位的尊贵，放大化了而已。即便如此，还是有一些帝王，虽然身边美女无数，却始终爱着自己的妻子。下面，就简单介绍一下，历史上那些动了真情的帝王和他们的爱人。

汉宣帝、许皇后

汉宣帝刘洵的身世非常尊贵，又极为悲惨。尊贵的是他是汉武帝

　　的曾孙子，悲惨的是他在襁褓之中就经历了灭门之祸，爷爷、父亲一家被奸贼诬陷致死，全家只剩下他一个人。幼年的汉宣帝流落民间，依靠祖母史氏一家抚养长大。后来经掖庭令张贺说媒，娶了许平君为妻。后来因缘际会，大将军霍光废黜昌邑王刘贺，改立刘洵为皇帝，是为汉宣帝。宣帝即位之后，即封许平君为婕妤。当时朝廷内卫都是大将军霍光一手把持，可谓权倾内外，而其新近拥立汉宣帝又立了大功，所以当朝大臣都倾向于将霍光的女儿霍成君立为皇后。汉宣帝不为所

动，下诏寻找自己微贱时丢失的一把宝剑，以此来表明自己对许平君不离不弃的态度。大臣们由此了解了汉宣帝的心意，遂一致推举许平君为皇后。不想因此触怒了霍光的妻子，她买通御医，趁许皇后分娩之际毒杀了许皇后。后来得知真相的汉宣帝下令彻查，并诛灭了霍氏一族。汉宣帝对自己的太子刘奭的能力有着清醒的认识，他说将来我们汉家就要败在你手上，多次想要废掉太子，另立新人，而每每这个时候，他又总是想起与自己患难与共的结发夫人许平君，而这个儿子，

∧ 《汉宫春晓图》局部 仇英

正是许平君的骨肉，顾念旧情的他，终究没有废掉太子，这个太子，就是后来导致西汉走向衰败的汉元帝。

光武帝、阴皇后

贵为东汉开国皇帝的光武帝刘秀，是中国历史上的一大牛人。他年轻时通过姐夫邓晨的关系，接触到了新野城有名的美貌小萝莉阴丽

华，一直对她的美貌贤惠难以忘怀。后来前往长安求学的刘秀，看到执金吾出行时前呼后拥的风光场面，忍不住说出了一句千古名言："仕宦当作执金吾，娶妻当得阴丽华！"说白了，江山美人俺全都要！后来以刘秀兄弟为首的南阳宗师起兵讨伐王莽，发展势头迅猛，刘秀的大哥刘縯率领义军攻破宛城，刘秀又在昆阳之战大破王莽 40 万大军，兄弟二人风头极盛。而这引起了更始帝及其手下将领的嫉妒，他们合伙杀害了刘縯。此时的刘秀强忍悲痛而不敢表露，使得更始君臣深感惭愧而未加残害，这一年，刘秀迎娶了朝思暮想的梦中情人阴丽华。可新婚不久刘秀即奉命巡察河北，为借助当地豪族的力量，他又娶了郭圣通为妻。而此时的阴丽华却在千里之外的新野城独守空房，想来这一切让刘秀既难过又愧疚，他内心对阴丽华的那份情感也变得更加真挚。之后登基称帝的刘秀想要立阴丽华为皇后，而阴丽华却极力推辞，因为当时天下兵戈未息，还需要通过郭圣通来安抚河北的豪族，所以刘秀忍痛答应了阴丽华的请求，立郭氏为皇后。但该来的总会来的，难忘旧情的刘秀最终还是废黜郭圣通，改立阴丽华为皇后，并将他们的儿子刘庄，也就是后来的汉明帝扶正。永平十七年，时年46岁的汉明帝某日在梦中见到了父母，二人欢声笑语，恩爱如初。醒来之后的汉明帝悲不能止，当着满朝文武的面涕泪纵横。原来在另一个世界，他们依然相亲相爱！

隋文帝、独孤皇后

隋文帝杨坚是北周重臣杨忠之子，生而有异象，得到当时另一位重臣独孤信的赏识。两下一合计，成亲吧！于是时年19岁的杨坚娶了14岁的小独孤伽罗为妻。婚后的小夫妻琴瑟和谐其乐融融，然而这种幸福的生活没能持续多久，就因为杨坚的岳父独孤信在政治斗争中的失败自尽而变得风雨飘摇，当时主导北周政权的权臣宇文护势力强盛，不遗余力地迫害独孤信一派，而作为女婿的杨坚自然首当其冲地受到压制。后来周武帝宇文邕诛杀了宇文护，并奖励了不肯依附宇文护的杨家，可小两口面对的风险却并未减少，因为杨坚的面相奇特，当时很多人尤其是周武帝身边的重臣，都劝说武帝早日除掉杨坚，免得留下后患，所以杨坚依然不得不夹起尾巴做人。而就是这么多年的患难与共，让夫妻二人的感情异常深厚，二人约定，杨坚只和独孤伽罗一人生育子女，而他们也做到了，杨坚一生的全部子女，都是独孤伽罗一人所生，几十年的时间，杨坚也只有独孤伽罗一个女人。可是人性的弱点，是谁也避免不了的，杨坚有一次偷腥被独孤皇后发现，妒心大发的她杀死了敢于和自己分享杨坚的那个女人。愤怒的杨坚可能是一生之中唯一一次对独孤皇后大发脾气，他选择了自己一个人骑着马跑进山里，用离家出走的方式来发泄心中的不满。后来在大臣们的劝解之下，夫妻二人言归于好。独孤皇后去世后，隋文帝一直郁郁寡欢，在他生命行将结束之时，他对身边的人说："我实在是无法忘记皇后啊！如果人的灵魂真的有知觉，一定要让我们夫妻俩在另一个世界团聚啊！"

唐太宗、长孙皇后

作为千古一帝的唐太宗李世民，其丰功伟绩千百年来流传不止，为历代人民所深深敬爱。而他的贤内助长孙皇后，同样是非常优秀的女性。长孙皇后生于贵族世家，其父长孙晟更是才智超群的一代名将，为隋朝分化瓦解最终破降突厥立下了汗马功劳。生长于这样的家庭的长孙皇后，其才学识见自然也是超人一等。自从嫁给李世民后，她一直贤惠地主持家务，随着李世民战功和名望的不断提高，太子李建德与齐王李元吉对他的嫉妒不满也日趋严重，二人联络唐高祖的后宫嫔妃，一起陷害中伤李世民，使得唐高祖对李

世民的猜忌愈发深重。此时长孙皇后站了出来，用她的孝顺温婉感动
唐高祖，为李世民留下了一线生机。经过玄武门之变，李世民一跃而
成为大唐天子，长孙皇后也继续用她的才智辅佐李世民，并适时地规
谏唐太宗的过失。如果说，唐太宗取天下时房玄龄功劳第一，治天下
时魏征居功至伟，那么这么多年与诸位贤臣互相配合，并发挥着其独
特作用的长孙皇后，其影响力更是贯穿了唐太宗武功文治的一生。有
一次，唐太宗身患重病屡治不愈，长孙皇后一直昼夜服侍，不离左右，
从那时起，她的身上始终带着一瓶毒药，并发誓如果李世民先她而去，
自己也决不独生。人生苦短，离别虽有先后，可终究还会长相厮守，
百年之后的二人，同眠于昭陵，开创了中国历史上帝后合葬的先例。

八 《虢国夫人游春图》局部　唐·张萱

明太祖、马皇后

爱憎分明的洪武大帝朱元璋在中国历史上留下了极为浓重的一笔，他如同崇山峻岭般威猛刚烈；而他的夫人马皇后则恰恰相反，似水一般普济天下润物无声。马氏在正史当中未详其名，其父母早亡，寄养于郭子兴家中，自幼聪明贤惠。在元朝末年的农民起义大潮中，郭子兴帐下的朱元璋以其聪明才智脱颖而出，子兴遂将马氏许配给朱元璋。可是郭子兴脾气暴躁，猜忌多疑，有一次他听信谗言，把朱元璋囚禁起来，被关禁闭的朱元璋忍饥挨饿不得进食，于是马皇后暗中准备，将刚出锅的炊饼贴身藏入衣内，偷偷送给朱元璋吃，而她却因此被严重烫伤。那一年四处闹饥荒，马皇后总是把好的饭菜留下给朱元璋吃，而自己却一直饿肚子。后来登基称帝的朱元璋对此始终念念不忘，常常对大臣们感叹马皇后的贤惠。统一天下后的明太祖以刚猛治国，果于杀戮，而马皇后总是用各种方法，去劝谏丈夫，补救他的偏弊之处，从而挽救了很多人的性命。马皇后自幼早孤，备知人民的生活艰辛，所以她亲自率领后宫布衣粗食，节俭用度，令同样是穷苦人家出身的孩子——明太祖朱元璋对此也是敬佩不已。在母仪天下、慈德昭彰的马皇后去世后，朱元璋表现得异常伤心，从此终身再也未立皇后。

明孝宗、张皇后

明孝宗朱祐樘幼年的经历极为特殊。他的父亲明宪宗朱见深极为迷恋年长自己 17 岁的万贵妃（题外话：其实明宪宗对万贵妃的感情也足以媲美文中的几位帝王，只是万氏终其一生未能封后，不合本文"夫妻"之旨，且万氏行事狠戾，暴毙而亡，着实令人生厌），已经到了神魂颠倒的程度，失去了生育能力的万贵妃依仗皇帝对自己的迷恋，不断残忍地迫害那些怀上皇帝孩子的嫔妃，幸而多方维护周旋，才艰难保住了明宪宗这个唯一的儿子，即便如此，朱祐樘的母亲纪淑妃和门监张敏还是为此付出了生命。朱祐樘就是在这样处处充满杀机的环境中长大的，而幼年的这些经历，也深深地影响了他的一生。明孝宗终其一生只有妻子张氏这一个女人，他也非常宠爱自己的夫人。有一次张皇后患了口疮，明孝宗亲自跑去喂药，又端着漱口水帮夫人漱口，一旁的宫女赶忙扶着皇后坐起来，可没多久明孝宗又匆匆忙忙地离开。原来明孝宗那会突然很想咳嗽，怕病中的张皇后担心，所以才赶紧外出。按《蒹葭堂杂著摘抄》的说法，宫廷的旧制是皇帝准备临幸皇后之时，才把皇后招来，完事后再送回去，从来没有留宿一说。直到明孝宗时，因为太宠爱张皇后，所以改变了制度，也像民间的夫妻那样终夜留宿不归。而明孝宗也成了中国历史上唯一一个真正实行一夫一妻制的皇帝，真正的模范好丈夫。

回到古代去买房……你买得起吗？

文／宋燕

　　长安居，大不易！多少人在北上广沦为房奴，不管干得多辛苦，几乎都是在为房地产商打工。许多人怀念起古代的田园生活，希望回到生活压力没那么大的古时候。不过，古时候买房就容易了吗？

　　南北朝时南宋有个大臣叫蔡廓，他在开封建了一处房子，经他哥哥按市场价估算，值50万钱。50万钱是什么水准呢？当时南朝近半居民，年收入不到3000钱，也就是一家人不吃不喝，攒166年，可以买这样一套房——当然这种房子也属于豪宅了，普通人家也不会惦记这样的房子。同时代洛阳的房价更高，达到上千万钱一套的标准——当然也是豪宅。

　　唐德宗时有个叫窦乂的，专门从事房地产买卖。他听说当朝太尉李晟喜欢打马球，于是斥资70万钱买下一块地，又花30万钱把这块地建成一片马球场，送给了李晟，合一块马球场100万钱。唐盛时1000钱相当于今天两千多人民币，也就是说买一块马球场要花两百多万人民币。盛唐时期一个八、九品官的月收入核算成今天的水准在一万多人民币左右，存个十几年买个球场还是有能力的。买房当然也不在话下了。

〈 "安得广厦千万间"的杜甫

唐中宗时期也算个盛世，敦煌居民沈都和卖房，合同上写着每尺价值小麦两硕五升，核算到今天价格，就是每平米一千五百多块钱。当时敦煌普通市民每月的收入一般都不超过两石小麦，合今天 300 元左右。要想买套房，也得攒十几年几十年呢。同时期长安房子就更是天价了，白居易月薪 14000 千钱，攒了 10 年，也没能在长安买套房。

房子也有便宜的时候，唐僖宗乾宁四年，还是敦煌，二手房房价跌到了合现在的 250 元人民币一平米，到唐昭宗天复二年，已经到了 33 元一平米的低价。不过别以为老百姓能赚什么便宜了，那个时候唐朝已进入战乱年代，变民起义、藩镇战争风起云涌，房价下跌，不过是因为世道不稳的缘故。盛唐时候，大将马周在长安购买房基一亩，花铜钱 200 万；两百多年后的后唐首都洛阳，"连店基地，每亩价钱七千"，房价下降了将近 300 倍，也是与社会稳定程度相关。房子是便宜了，你也得敢买啊！

史上房价最贵的时代是宋朝，最贵的地点当然是国际化大都市开封。宋太宗太平兴国元年，大将军田钦祚在开封买房，花了铜钱 5000 贯（1 贯约等于 1000 文）。宋太宗太平兴国二年，割据福建的军阀陈洪进归降宋朝，宋太宗为了奖励他，分别给他的几个儿子各买了一所房子，每所房子花费铜钱 10000 贯。北宋后期房价水涨船高，宋徽宗政和七年，淮南转运使张根说："一第无虑数十万缗，稍增雄丽，非百万不可。" 苏东坡的弟弟苏辙晚年在开封买过一所普通住宅，花了 9400 贯。那当时的人挣多少呢？宋徽宗时朝廷雇人抄写书籍，每人每月能挣 3500 文，也就 3 贯多一点，这已经属于当时工薪族里的高薪。而拿这样的高薪，想在开封买套房，不吃不喝也得攒二百多年。怪不得像苏东坡、欧阳修等这样的人，都没在开封买过房，一直以租房为生。

明朝的房价就便宜多了，万历年间，北京有个太监卖掉了自己的住宅，门面七间，到底五进（五排），得银1300两。这套房就按一千平米估算，每平米不到1.5两银子。万历年间1两银子约合现在660元人民币，也就是说，这套房合1000块钱一平米。明朝打工族工钱一般是一年8两银子，打个几年工，买这种大house当然不行，但买个普通住宅还是没问题的。这是首都，地方县市就更便宜了，《金瓶梅》写的虽然是宋朝的事，但依据的是明朝的现实，里面写西门庆买了一处房产，"门面二间，到底四层"，总共120两，合8万元人民币。而西门庆家的伙计，每月收入就有2两银子，一年24两，只要干个五六年，就可以住跟主人一样的大房子了。真是幸福的年代啊，要穿越，就回此时吧。

清朝刚进京的时候，八旗人没房住，朝廷要求北京城内的汉族百姓一律搬出城去，自行解决住房问题，约等于强拆。拆迁补偿是多少呢？"户工二部详察房屋间数，每间给银4两"。而当时房价大约多少呢？同时出台的屋价则例规定，头等房每间价格120两，二等100两，依次递减，五等房每间也要40两，而最差的末等房也要20两，四年后又改提为末等房每间30两。补偿这么低，还把人从黄金地段轰到城乡结合部，难怪会激出群体事件，最后又是靠强逼又是给免税，折腾了一年多才把人都弄出去。

康熙年间旗人就开始卖房了，有个叫李成茂的旗人，卖了一套"门面房三间、一过道到底，共计四十二间，坐落正阳门外中城中东坊头铺"

的房子，定价是 4400 两整。《红楼梦》里刘姥姥看见贾府一道螃蟹菜价值 24 两银子，感慨说够小户人家过一年了，如此一来，4400 两，其数额之大，可想而知。不过这是首都，也是盛世，非首都、非盛世的房价就没有这么多了。湖北媒体报道，武昌区某人收藏的一个地契显示，光绪三年的一起房地产交易，一套"占地长五丈二尺、宽三丈二尺，计有三间正屋、一个套房、一个天井、两个厢房"，占地面积约 175 平方米，位于武昌城中心的宅院，当时的交易价格为白银 50 两。

文／宋燕

重口味的大唐妆容

∧ 《簪花仕女图》唐代周昉

前段时间武媚娘的上演,让大家对唐朝人的着装很是关心考证了一把,知道了唐朝的雪胸装。不过,大家还没注意过唐朝人的流行妆容吧?荧屏里范冰冰肤白胜雪,脸上点一点花钿,真的是唐时的时尚吗?

其实我很怀疑,如果大家真穿越回唐朝的话可能会被那时的时髦女郎吓死。

唐朝诗人王建写过这样两句诗:"归到院中重洗面,金盆水里拨红泥。"想象一下那种场景——洗个脸,脸盆里都能和出红色的"泥"了,那脸上原本得是啥样? 可不要以为这是艺术夸张,《开元天宝遗

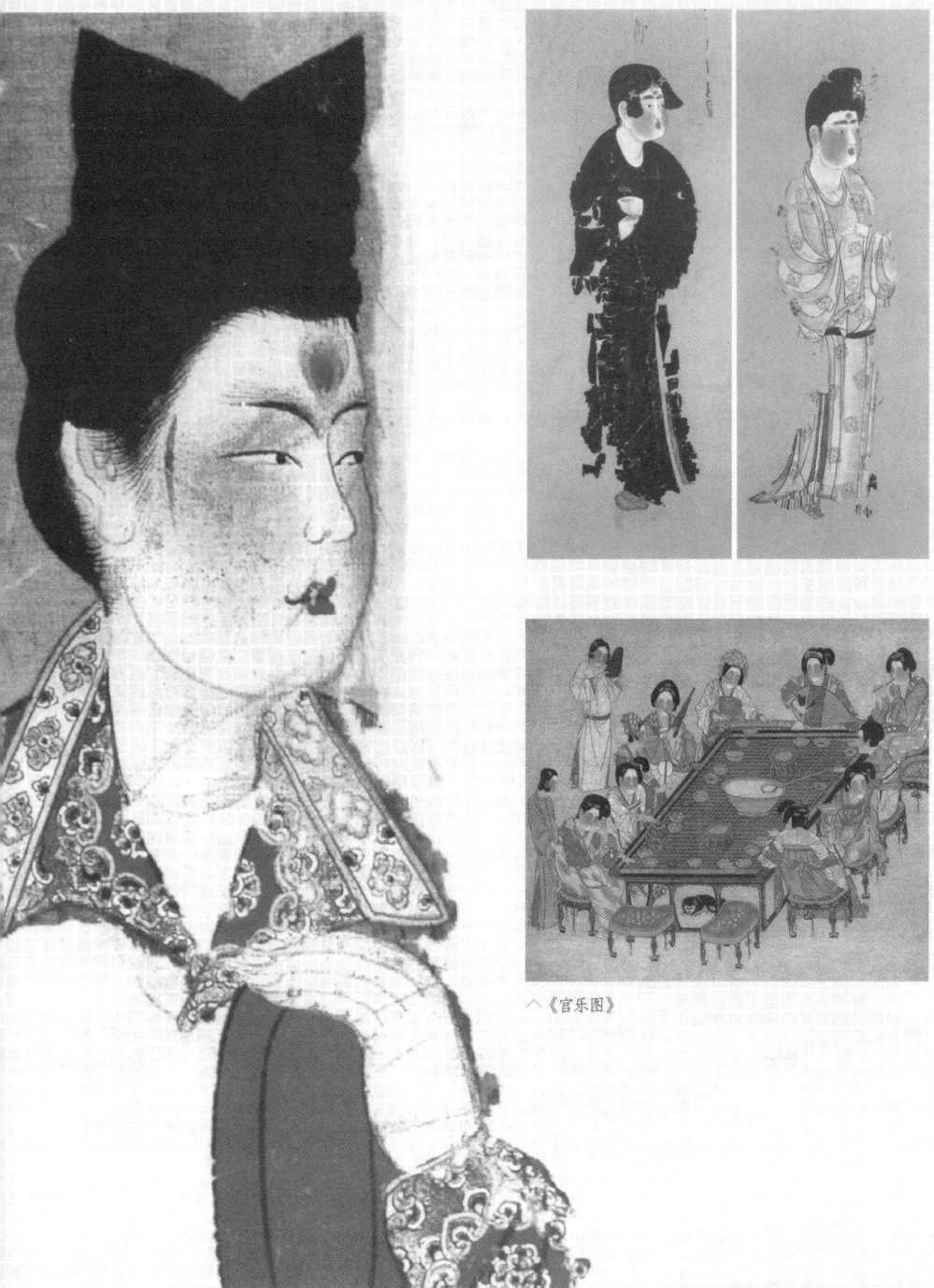

∧《宫乐图》

事》里几次写到杨贵妃的妆容，都可以验证这事的准确性。有一次写她冬天奉诏去宫里，临走与父母告别，流下的泪珠冻成了红色的冰珠。还有一次写她夏天太热，用手帕擦汗，擦完的手帕都成了红的。如果大家仍然不相信，可以看看古画《宫乐图》，看了就知道唐朝女人对腮红的热爱能到怎样的程度。

红脸蛋也就罢了，还有黄额头，这叫作"额黄"。唐朝女人的额黄是将额头全部涂黄，没有深浅变化，没有浓淡过渡，裴虔馀诗"满额鹅黄金缕衣"描述的就是这样的形象，王建的《宫词》也写到过"收得山丹红蕊粉，镜前洗却麝香黄"。

接下来是两道绿眉毛。"眉黛夺将萱草色，红裙妒杀石榴花"，所谓"黛"，就是黑绿色。韩偓一句"黛眉印在微微绿，檀口消来薄薄红"更把绿眉写得明确了。绿眉当然也不是一贯的，杨贵妃就曾倡导起黑眉的潮流，一时间"六宫争画黑烟眉"，不过绿眉还是主流。眉色只是一个方面，眉形也很奇特，流行的眉形有鸳鸯、小山、三峰、涵烟、倒晕等十几种。各种眉形都是将原有眉毛拔去，而后再绘制成的。

最后是朱唇。这个朱唇也不似当下，而是要先用铅华把嘴唇原来的颜色遮掉，再用鲜红甚至是乌黑的口脂点出一个樱桃小口。白居易爱死了这种樱桃小口，写了很多类似"口动樱桃破，鬟低翡翠垂"这样的诗句。

红脸、黄额、绿眉、朱唇，这标准的唐朝美女妆容放在今天，恐怕没有多少人消受得了。而唐朝女人还不满足于

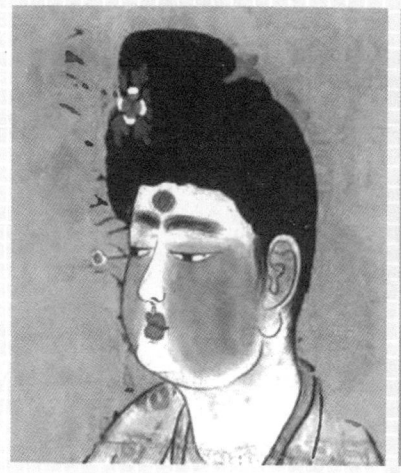

这种标准妆呢，两百多年的时间里，她们经常推陈出新，变幻出各种新奇的妆容来。

比如"三白妆"——脸上不作其他修饰，仅仅涂白前额、鼻子、下巴三个部位；"泪妆"——不用胭脂，仅仅在两颊或眼角涂上些许素粉，看起来泪光盈盈；"血晕妆"——剔去眉毛，用红紫色的颜料在眼眶上下涂抹出大块血迹；"时世妆"——腮不施朱面无粉。乌膏注唇唇似泥，双眉画作八字低。妍媸黑白失本态，妆成尽似含悲啼……

总之，唐朝时的妆容，口味是相当重的，唐朝女人对于自己的脸颇敢用力，各种颜料、装饰都不怕浪费。脸上已经这么多颜色了，她们还嫌太少，还会往脸上贴花钿、面靥，用的材料五花八门，甚至包括昆虫翅膀。纯粹还原唐朝妆容的话，今天的观众绝对无法接受，所以《武媚娘》里面的武媚娘，那已经是现代版的武媚娘了，艺术这东西，毕竟还是给当代人看的嘛。

宋朝公务员待遇太好，大家闺秀打破头争当官夫人

文／张培山

宋朝，文人的身份地位才得以空前提高。宋朝皇帝打压武士，推崇文人治政，更是舍得在士大夫及文人身上花费银子。宋代文官不仅官俸高，赏赐重，而且可以荫及家人，差科全免，成为社会上享有特权的"官户"阶层。于是，就出现了"榜下捉婿"的一幕。在科举发榜之日，各地富绅们全家出动，争相挑选登第士子做女婿，那情景简直就是抢，坊间便称其"捉婿"。为什么会出现"榜下捉婿"这种抢嫁逼娶的怪诞现象呢？因为，当时的人们就是看中了及第的进士们有着让人羡慕嫉妒恨的幸福生活，大家闺秀们便挤破头争当"官夫人"。

宋朝官员的工资和福利都是很高的。他们的工资内容丰富充实，高举高打，令人叹为观止，有正俸、禄粟、职钱、春冬服、从人衣粮、茶酒、厨料、薪炭以及牲畜饲料等，衣食住行，甚至家眷从人的开销，全部由国家买单。北宋宰相和枢密使一级的执政大臣的年俸是 3600 贯钱、1200 石粟米、40 匹绫、60 匹绢、100 两冬绵、14400 束薪、1600 秤炭、7 石盐，再加上 70 个仆人的衣粮。有人对此进行了简单的计算，宋朝国家级干部的年薪相当于现在的 800 万元到 1000 万元人民币，大家熟知的包青天包拯的年薪就是令人咋舌的一千多万元，与当时一个州的年税收差不多。

宋朝官员不但每月有固定的工资，还有一份减免赋税的职田。职田按官品高下给田 1 顷至 40 顷不等。这种分配制度叫"薪给制"和"供给制"相结合。"供给制"有很多弊端，宋朝以前早已废除，但宋朝政府为了使公务员生活得幸福，仍然使用。另外，宋朝官员每临皇帝、太皇太后、太后、皇后等人的生日，还可得到大量的恩赐。

　　宋朝的官员从没有下岗分流一说，只要你不犯大错，这个铁饭碗的含金量会越来越高，会变成金饭碗。宋朝政府对文职官员三年一"磨勘"，武职官员四年一"磨勘"，"磨勘"按现在的说法，叫考核。考核过后，只要无大错就可升迁。升迁后，各种待遇也水涨船高。

　　宋朝政府为让官员安心工作，不为家事分心，允许中高级官员的直系、旁系亲属，甚至门人到政府工作，就是允许子弟接班和安置家人就业，成为"官二代"。当时，这叫"荫补"，比如大名鼎鼎的司马光就出生在世袭官宦家庭，一到年纪就能当官。

　　宋朝的官员工作很轻松，大多没有具体的工作，却又拿着高工资，生活得相当惬意。官员们哪怕出入色情场所，政府也睁一只眼、闭一只眼。官员们一边上朝议政，一边拥妓纳妾，声色犬马地过着"幸福的生活"。宋徽宗赵佶还带头找了李师师小姐呢。

　　正所谓有一利必有一弊，如果榜下捉得金龟婿，宋代的女子就得承受夫君的骄奢淫逸。不过，由于社会财富高度集中在这些官员及其集团手中，宋代的人们显然顾不了许多了。

影视大找茬

芈月那时候的人
过的是什么日子？

文／宋燕

　　虽然被人各种吐槽，但《芈月传》不管怎样都还是火了，身边一大堆人一边骂一边追着看。

　　其中被吐槽得最多的要属服装和道具了。

∧ 比如这个像卫生卷纸一样的和氏璧

∧ 这穿越千年的信纸

∧ 这秒杀大妈的貂皮大衣

∧ 这淘宝爆款的服装

　　动不动就上个山药枣粥啊，买个米糕啊，还烹个茶什么的，让人不知到底是在看大秦的芈月，还是大清的甄嬛。

　　芈月所处的时代距今已经2300多年，早已换了人间。那时的人无论衣食住行还是社会风貌，都与现在有着极大的差别。
　　那么，那时候的人到底是怎么过日子的呢？

秦国人吃什么？

想象一下你回到芈月时代的秦国，进了秦宫，也对着宫女喊："烹壶茶来！"对不起，没茶。茶是东汉以后才开始慢慢流行的饮料。战国时期不是没有，但仅限于在巴蜀地区，而且不是用烹或沏的，是用嚼的，跟现在广西人吃槟榔差不多。

战国时代的饮料，是酒。不用担心没酒量，那时的酒是用粮食发酵做出来的甜酒，没什么度数，当时的人动不动就能喝个一石。酒分很多种，《诗经·小雅吉日》里说"以御宾客且以酌醴（zhuó lǐ）"，醴就是其中比较清的一种，此外还有"箪食壶浆"里的浆，是掺了水或梅子汁之类的酒。

进餐时间到。你往几旁一坐：这都是啥？一堆碎碎的菜、一堆酱，难道是要喂婴儿吗？那堆碎碎的菜，叫作菜齑（jī），就是把蔬菜切碎，拌上醯（xī）和醢（hǎi）而成；那堆酱，有羹，有醢，前者是炖得连汤带水的菜肉，后者就是肉酱。这个肉酱可不是直接吃的，它是用来调味的，待会儿上来的炙肉、炮肉、蒸肉……都靠这个调味呢。

拌好的菜、蘸好酱的肉，吃起来是什么味道呢？今天的人可能还真吃不惯——几乎样样菜都是咸酸的，菜齑里有醯，醯就是醋，吃起来自然是酸的。不吃菜齑吃菜菹，那是用蔬菜发酵腌制而成的，也是酸的。而肉呢，除了要蘸醢外，还要配上梅子浆，味道也是酸的。就连菜肉羹里，因为炖的时候放了醢和梅子，也是酸的。

不介意吃酸的话，还是很有口福的。战国时期肉除了来自养殖外，还有很多来自猎取，日常吃到野味的机会很多，狼、狸、狐、熊、鹄、雁、鳖……天上飞的水里游的，都是饭桌上的常供——当然，只是贵族和土豪们饭桌上的常供，平民百姓是吃不起的，平民的饮食，只要八个字即可概括：啜菽饮水，豆饭藿羹。也就是吃大豆做的饭，野菜做的羹，喝白水。富裕一点的人，可以吃到狗肉，春秋战国时狗肉是很日常的肉食，刺客聂政和高渐离都曾以屠狗为业。

《芈月传》里，秦王跟芈月说"寡人宫里的米够你享用不尽"，黄歇在咸阳的街头能轻易买到米糕，这在战国时代的秦是不可想象的。那时候北方的主要粮食是黍、稷和粟，就是小米和黄米，稻米是南方的食物，在秦国尚属奢侈品，咸阳就算富甲一方，也不可能随随便便吃白米糕。穷人连粟也吃不上，他们只能用菽（也就是大豆）和麻（就是麻的籽）充饥。张仪替秦出使韩国的时候，就曾跟韩王说："韩地险恶，山居五谷所生，非麦而豆。民之所食，大抵豆饭藿羹……"中原三土豪之一的韩国都这样，秦国能好哪儿去呢？

—————————— 秦国人穿什么？ ——————————

芈月穿的淘宝爆款，在真正的秦国是买不到的，因为那个时候染色技术没有那么高超，都是浆染，染不出那么鲜艳的颜色。而且色彩也没那么姹紫嫣红五颜六色的，只有白、黑、赤、青、黄五种正色，和它们彼此搭配出的间色绿、紫、红。当时的纺织技术也没那么发达，长沙出土的战国墓中，最细的料子每平方厘米经线28根，纬线24根，相对后世来说还是比较粗糙的。

贵族可以穿丝帛和锦制成的衣服，两者的区别是丝帛没有花纹，锦有花纹。普通人就只能穿麻布和葛布。由于纺织技术不高，麻布葛布很是粗硬，穿着并不舒适。

到了冬天，穷人穿绵袍，也就是塞上丝絮的夹袄，芈月晚期，秦国客卿范雎报复自己的仇人须贾时，就因为须贾赠了他一件绵袍，他觉得须贾还有人性，就放了须贾一马；富人穿毛皮，不过毛皮也不是芈月传里那种土豪穿法，春秋战国的贵族，毛皮是毛冲外穿不假，但毛皮外面是要穿罩衣的，否则就像内衣外穿一样了。

从战国到后面几个朝代服饰的规制变化不大，都是上衣下裳，衣襟从左向右掩过去，腰间用带子扎起来，里边有件贴身的衣服叫襌，腿上还穿一条缅裆裤叫作袴。图方便的时候，就穿一件衣裳连为一体的袍子，跟现在的睡衣差不多，那个叫深衣。

不过！春秋战国时候的衣服，它是非常废布料的，尤其是袖子，要长长长长长。

⌃ 像左图这样而不是电视剧里的那样

图里男演员头上戴的东西，它叫冠

与《芈月传》比起来，《大秦帝国》中的服饰要讲究得多。

战国时候的成年贵族不戴冠是不能出门的，否则就像凉鞋里穿袜子一样失身份。《芈月传》里一堆把头发随便一扎的男性，让人真是有点不知今夕是何夕了。

秦国人玩什么？

《芈月传》里涉及到了好几种战国时候人爱玩的娱乐活动，首先是投壶，跟现在的套圈差不多，把酒壶放在地上，离老远拿箭往里掷，芈姝的儿子秦武王嬴荡小时候就很爱玩这个。

然后是射箭，这是贵族必备活动，春秋战国人尚武，秦国人尤其是，不会射箭，就没法在贵族圈里混了。

芈月喜欢下围棋，这项活动确实是战国时贵族圈的时尚，人们沉迷到什么程度？《孟子·离娄下》里专门有一句谴责："博弈好饮酒，不顾父母之养，二不孝也。"下棋都能下到不顾父母家人的地步了。

还有像角抵，也就是摔跤，这也是嬴荡的爱好之一，他最后就是死于角抵的变种——跟人比赛举鼎。

有两样春秋战国人的最爱我还没在《芈月传》中看到，一个是斗鸡，一个是走狗。走狗是训练狗抓兔子，这个爱好之普及，以至于很多人都曾用它作比喻来讲道理，比如范雎给秦昭王——也就是芈月的儿子——讲道理时，用"譬若驰韩卢而逐蹇兔也"来打比方，而李斯在被秦二世判死刑执行时，跟他儿子感慨人生，道："吾欲与若复牵黄犬俱出上蔡东门逐狡兔，岂可得乎！"也用狗拿兔子来表达心迹。

春秋战国时还有一项非常重要的活动就是旅游。那个时代有很多有理想有抱负的人始终行走在路上，他们中间有的人是为了不断求学、传播自己的思想；有的人是为了求得赏识，走上人生巅峰；有的人兼而有之。总之，世世代代，都有无数身怀绝技、满腹经纶、运筹天下者奔走在列国之间，暂住在传舍里，寄居在他人门下……他们构成了春秋战国尤其是战国时期的一道独特的风景。那时候最热闹的地方还不是咸阳的四方馆，而是齐国的稷下学宫，它位于战国时最繁华的国际化大都市临淄的稷门附近，是齐国政府官办的高等学府。齐国给来这里的学子们上大夫的待遇，允许他们"不治而议论"，"不任职而论国事"，因此吸引了各个学派非常多的著名人士，战国时期大部分学术著作都产生于此。不过这些人中的很多人此后也离开这里周游列国，期望在某个国家大展宏图，其中有成功的也有失败的。荀子就是先去秦国求职失败，又回到这里讲学为业的。

秦国人的正事

战国时候的人，除了务农经商之外，最重要的正事，就是打仗了。战国时期战争频仍，列国之间为了土地、为了霸权、为了利益不断发生征战，情形十分惨烈。秦楚两国的兵力都超过百万，魏国军力七十万左右，赵国跟秦国战争白热化时，15岁以上的男子都要出征。春秋时候战争还讲究很多礼仪，不伤国君、不斩来使、不杀君子都是那时候的规矩，到了战国时已经没人讲这些了，活埋个几十万人眼都不眨。

上世纪七十年代发掘出的"睡虎地秦简"里，有几封在楚国打仗的秦国战士的家书描述了战士的日常，他们不仅每天要面对生死考验，连日常的衣服和开销，也是写信要家里人提供。比较下《芈月传》的剧情，那时候的秦国人，从王到百姓，都是要为了国家献身，它不统一天下，谁统一呢！

世界军服图解百科丛书

HTTP://ZVENBOOK.COM

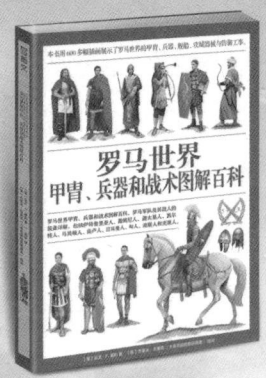

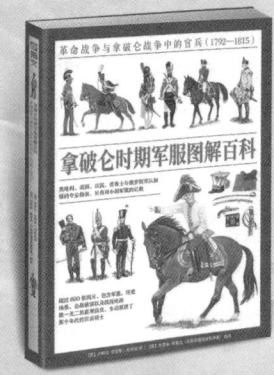

《罗马世界甲胄、兵器和战术图解百科》

★军事史视角下的部落与帝国，西方冷兵器时代的视觉盛宴。

★超过600幅精美彩色手绘插画及历代地图、布阵图、油画、雕塑、遗址照片，打造出罗马军事历史的百科全书。

★包括罗马人、伊特鲁里亚人、撒姆尼人、迦太基人、凯尔特人、马其顿人、高卢人、日耳曼人、匈人、波斯人与突厥人等民族，全面展现古代地中海世界的军事传统与战争艺术。

《美国独立战争军服、武器图解百科1775-1783》

★美国独立战争，北美殖民地革命者奋起反抗剥削的战争，这是一场激烈的斗争，这是一个国家的锻造。

★超过600幅为制服、武器、军舰、徽章、旗帜和作战方案所特别绘制的彩图。

★一部关于美国民兵和大陆军，英国、法国陆海军，德意志、西班牙部队及其北美印第安盟友的军服、武器专业指南。

《拿破仑时期军服图解百科》

★600多幅高清插图（制服、装备、历场景、作战图），50多张表格（各团制的区别）。

★以图文结合的方式展示了奥地利、大列颠、法兰西、普鲁士、俄国、美国和他相关部队制服和徽章的细节。

★简明扼要地描述了拿破仑战争的进程，析了政治背景、具有里程碑意义的交战。

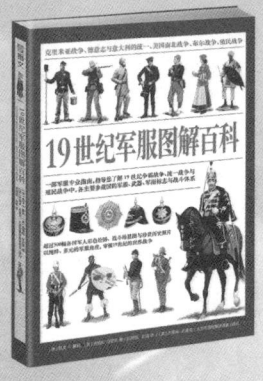

《19世纪军服图解百科》

★列强争霸时代的艺术之花，各国史实军备的图文解读。

★超过500幅精美彩色手绘插画，展现克里米亚战争、德国与意大利统一战争、美国南北战争、布尔战争与殖民战争中各国军队的细节。

★包括英国、法国、俄国、普鲁士、奥地利、意大利、美国、非洲、印度、中国等，展示19世纪的多元军事文化。

《第一次世界大战军服、徽标、武器图解百科》

★一战时期诸多参战国制服及相关装备的专业指南

★超过550幅精美彩色手绘插图及150多张战场实地照片

★战争中的制服、装具、武器、徽标、战场地图、作战计划

★20万字精心制作，力求在百年之后重新还原战争的点点滴滴，为你勾勒出英、法、俄、美、德、奥匈、奥斯曼等诸多参战国军队当年的风采。

《第二次世界大战军服、徽标、武器图解百科》

★二战时期各主要参战国军队的制服及关装备，从细节上再现人类历史上规模大的全球战争。

★超过600幅精美彩色手绘插画及照片精心还原战争中的军服、徽标、武器。

★囊括盟国与轴心国两大阵营，涉及英美、德、苏、中、法、日等多国军队。